Hl. Hildegard
Dinkelkochbuch

Hl. Hildegard
Dinkelkochbuch

Herausgegeben durch die
Basler Hildegard-Gesellschaft

Pattloch Verlag

Pattloch Verlag, Augsburg
© Weltbild Verlag GmbH, 1992
Satz: Antique Olive von Cicero Lasersatz, Augsburg
Gesamtherstellung: Wiener Verlag, Himberg
Printed in Austria
ISBN 3-629-00063-0

Inhaltsverzeichnis

Vorwort 6
Die Zubereitung von Dinkel für Gesunde und Kranke 7
Verzeichnis A: Rezepte nach Gerichten 17
Verzeichnis B: Rezepte alphabetisch 25

Rezepte
   Suppen 31
   Hauptspeisen (pikante Gerichte, mit Fleisch) 45
   Hauptspeisen (pikante Gerichte, ohne Fleisch) 63
   Hauptspeisen (süße Gerichte) 91
   Beilagen (Salate, Saucen) 104
   Dessert (Müesli, Cremes, Puddings) 112
   Gebäck (Brot) 127
   Gebäck (Kuchen) 147
   Gebäck (Kekse) 176
   Getränke 199

Persönliche Notizen 200

Lagerung von Getreide 203

Wer war Hildegard von Bingen 205

Bezugsquellen 207

Literaturverzeichnis 208

Alle Rezepte sind für 4 Personen berechnet.

Vorwort

Unser Dinkelkochbuch ist auf lebhafte Nachfrage gestoßen, die erste Auflage war rasch vergriffen. In der Zwischenzeit hat *Schwester Rosmarie Müller*, die erfahrene Hauswirtschaftslehrerin aus dem Kloster Heiligkreuz in Cham, viele neue Dinkelrezepte erprobt. Wir sind ihr zu großem Dank verpflichtet. Sie hat es uns ermöglicht, diese zweite Auflage stark zu erweitern. *Alle Rezepte sind erprobt.*
Der Dinkel war noch vor zehn Jahren ein aussterbendes Getreide, kaum einer kannte den Namen, und nur noch wenige konnten mit Dinkel umgehen. Dabei war der Dinkel noch vor hundert Jahren in unseren Gegenden das wichtigste Getreide. Erst später hat der Weizen begonnen, ihn zu verdrängen.

Es ist das besondere Verdienst des deutschen Arztes *Dr. Gottfried Hertzka*, den Dinkel gerettet und wieder bekanntgemacht zu haben. Dinkel kann man heute wieder in Hildegard-Läden und vielen Reformgeschäften kaufen. Initiative Hildegardfreunde haben daneben ein breites Sortiment von Dinkelprodukten entwickelt. Wir können Dinkel als Lebensmittel ohne Einschränkung empfehlen.

Die Basler Hildegard-Gesellschaft freut sich, daß der erste Band der neuen Kochbuch-Reihe auf so lebhaftes Interesse gestoßen ist. Weitere Kochbücher sind in Vorbereitung. Für alle Anregungen und Unterstützung sind wir dankbar.

Basel, 19. Mai 1991   BASLER HILDEGARD-GESELLSCHAFT

                                                                                    Cyrill Bürgel

Die Zubereitung von Dinkel für Gesunde und Kranke

»Der Dinkel ist das beste Getreide!« Mit diesen Worten möchte ich Sie herzlich begrüßen. Ohne Übertreibung können wir sagen, daß in der Hildegard-Küche der Dinkel der wichtigste Bestandteil ist. Mit ihm steht und fällt die Hildegard-Küche. Alle anderen Grundzutaten, Kräuter und Gewürze, kann man mehr oder weniger variieren, je nach Geschmack und Bedürfnis. Nicht so die Getreideart. Auf Dinkel können wir nicht verzichten, unserem Wohlergehen zuliebe. Und ich möchte Herrn Dr. Strehlow beipflichten, der sagt: »Die Ernährung ist bis zu 90 % verantwortlich für unsere Gesundheit.« So kann es uns nicht wundern, wenn inmitten der Wohlstandszeit viele Menschen sich wieder zurückbesinnen auf eine ausgewogene, möglichst naturbelassene Ernährung. Vom Schweizer sagt man: Er ißt zu salzig, zu fett, zu süß, zu viel und er nimmt zu wenig Faserstoffe auf.

Der Dinkel, in der Schweiz nennen wir ihn »Chorn«, ist ein altes, züchterisch wenig bearbeitetes Getreide. Generell dürfen wir annehmen, daß der Dinkel die Urform des Weizens ist. Er ist sehr anspruchslos und winterhart. Selbst auf flachgründigem Boden gedeiht er, in Lagen bis über 1000 Meter.

Jahrhundertelang war er ein Volksnahrungsmittel, heute wird er nur begrenzt angebaut, vor allem im schwäbischen Raum, teilweise im Voralpenland, auch in der Schweiz, in den Niederlanden und in den USA. Heute werden in der Schweiz noch etwa 4 % der Brotgetreidefläche mit Dinkel angebaut.

Lassen wir nun die hl. Hildegard zu uns sprechen! Vom Dinkel sagt sie: »Dinkel ist das beste Getreide, fettig und leichter verdaulich als alle anderen Körner. Es verschafft dem, der es ißt, ein rechtes Fleisch und bereitet ihm ein gesundes Blut. Die Seele des Menschen macht es froh und voll Heiterkeit.« Warum kann Hildegard so sprechen? Die Wirkungen des Dinkels waren ihr bekannt.

Der Dinkel übertrifft den Weizen hinsichtlich seiner Beschaffenheit. Äußerlich unterscheidet sich die Dinkelähre durch Farbe und Form vom Weizen. Die Spelzhülle ist doppelt und besteht aus Deckspelz und Vorspelz. Wegen diesem doppelten Verschluß müssen die Dinkelähren beim Mahlen einen besonderen Arbeitsgang über sich ergehen lassen; das Gerben.

Diese Spelzhülle, in der Schweiz nennen wir sie Spreu, ist aber nur scheinbar ein Abfallprodukt. Hildegard hat die Heilkraft der Spreu gelobt. Für Erwachsene wird die Spreu in dichtgewobene Baumwollsäckchen abgefüllt und als Kopfkissen benützt. Bei Kopfschmerzen, Migräne, Schulterbeschwerden, Nervosität, Schlaflosigkeit, Augen- und Ohrenleiden, ganz besonders aber auch bei Eiterungen von Stirn- und Kieferhöhlen sind die

Heilungschancen besser. Aber nicht nur im Kopfkissen kann Spreu eingesetzt werden, immer beliebter und begehrter werden Spreumatratzen oder Spreumatratzenauflagen.

Nachfolgend einige positive Auswirkungen:
- Bessere Durchblutung der Beine: Krampfadern verschwinden zwar nicht – aber es bilden sich keine neuen mehr.
- Dank der Kreislaufförderung weniger Müdigkeit, Unlustgefühle, Schwindel.
- Bessere Konzentrationsfähigkeit.
- Zu hoher und zu niedriger Blutdruck gleicht sich aus.
- Mehr Widerstandskraft gegen Erkältungskrankheiten.
- Weniger und zudem schwächere Wallungen.
- Anregung der Nieren- und Darmtätigkeit.
- Linderung von Asthmaanfällen.

Weshalb diese positiven Auswirkungen? Spreu kann vor Erdstrahlen und Wasseradern schützen. Meßprotokolle hierzu liegen der Autorin vor. Damit Ihnen der Erfolg mit dem Spreukissen, mit der Matratze, nicht ausbleibt, sollten Sie ca. nach 7 Jahren die Spreu auswechseln.

Da beim ausgereiften Getreide sehr leicht die Ähren abfallen, erntete man in den letzten Jahrzehnten vielfach den Dinkel schon vor der Reife und reifte das Korn dann künstlich nach. Es kam unter dem Namen »Grünkern« in den Handel. Das am Halm gereifte Korn hat aber durch die natürliche Reifung gerade in den letzten entscheidenden Wochen sich qualitativ vervollkommnet und ist somit vollwertiger als der Grünkern.

Welche Nährstoffe finden wir im Dinkelkern?

Es enthält in idealer Zusammensetzung Eiweiße, Kohlenhydrate, Fett, Mineralstoffe, Spurenelemente, Vitamine und eine große Menge Zellulose. Aus Tabelle 1 ersehen wir die prozentuale Zusammensetzung.

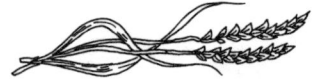
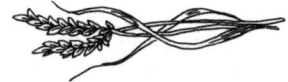

Tabelle 1
Prozentuale Zusammensetzung der Nährstoffe im Dinkel

	Dinkel
Eiweiß	13,1
Kohlenhydrate	67,7
Fett	2,45
Mineralstoffe	1,75
Vitamine	B1, B2, Niacin/PP
	Antineoplastisches Vitamin B17
	Pantothensäure
Zellulose	8,8

Aus Hildegard Heilkunde Nr. 1

Der Eiweißanteil im Dinkel ist im Verhältnis zu anderen Nahrungsmitteln recht hoch. Im Hühnerei sind 12 % Eiweiß. Gerade dort hätten wir sicher mehr vermutet. Der Bedarf an Eiweiß ist abhängig vom Lebensalter und von besonderen Umständen.

Säuglinge bis zu 6 Monaten brauchen	3,5 g pro kg Körpergewicht
Schulkinder	2,0 g
Erwachsene bis zu 65 Jahren	1,0 g
Erwachsene über 65 Jahren	1,2 g

Erhöht ist bei älteren Leuten der Eiweißbedarf deshalb, weil ihre Körperzellen schneller abgebaut und schwerer erneuert werden. Bausteine des Eiweißes sind die Aminosäuren. Wir kennen 20 Aminosäuren, davon sind 8 essentiell, d. h. lebensnotwendig. Wir müssen sie in der Nahrung aufnehmen, da sie der Körper nicht selber bilden kann.

Die Tabelle 2 enthält die Namen der essentiellen Aminosäuren und den Aminosäuregehalt des Dinkelkerns im Vergleich zum heimischen Weizenkern.

Tabelle 2
Gehalt an Aminosäuren in mg je g Frischgewicht

	Dinkel	Weizen	
Cystin	1,35 mg	1,1	
Leucin	9,0	6,0	
Isoleucin	5,6	4,4	
Lysin	2,75	2,9	
Methionin	4,0	2,4	↗ Dopamin
Phenylalanin	7,0	5,0	→ Adrenalin
			↘ Noradrenalin
Tryptophan	1,8	1,2	→ Serotonin
Valin	5,8	4,2	

Aus Hildegard Heilkunde Nr. 1

Beim Dinkel ist besonders der Leucin-, Methionin- und Phenylalaningehalt höher als beim Weizen.

Aus Phenylalanin entstehen Dopamin und die beiden Nebennierenmark-Hormone Noradrenalin und Adrenalin. Ein Mangel an Dopamin kann zu der gefürchteten Parkinsonschen Krankheit führen. Noradrenalin und Adrenalin sind für die gute Stimmung verantwortlich. Hier kann ein Mangel zu schweren Depressionen führen. Zudem sind die beiden Nebennierenmark-Hormone für die Blutdruckregulation verantwortlich.

Tryptophan regt seinerseits wiederum die Produktion des Stimmungshormons Serotonin an, das auf die Gemütslage ausgleichend wirkt. Seelische Ausgeglichenheit ist der beste Schutz gegen Krankheiten. Dinkel steht deshalb auf der Skala der Nahrungsmittel, welche die natürlichen Abwehrkräfte steigern und uns gesund erhalten, an erster Stelle.
Dinkel ist eine reiche Vitamin-Quelle und übertrifft den Weizen an Vitamin B1 und Niacin sowie Vitamin B2.

Tabelle 3
Vitamingehalt im Dinkel und die Wirkungen der Vitamine (mg je 100 g Frischgewicht)

	Dinkel	Weizen
Thiamin B1	0,64	0,48
Riboflavin B2	0,22	0,14
Niacin PP	0,6	0,42
Pantothensäure	0,08	0,09
Antineoplastisches Vitamin B17		

Alle diese Vitamine sind unentbehrlich zur Aufrechterhaltung der Lebensvorgänge. Doch hat jedes Vitamin wieder seine spezifische Aufgabe.

Thiamin B1 regt Appetit und Herztätigkeit an. Bei einem Mangel an B1 entstehen Herzstörungen, Muskelkrämpfe und der Muskelschwund, der Ihnen unter dem Namen Beriberi bekannt sein dürfte. Nervenschmerzen und Nervenentzündungen können ebenfalls entstehen. Geistige und körperliche Müdigkeit sind Begleiterscheinungen. (Bei Auszugsmehl haben wir einen Verlust von Thiamin B1 von 85 %.)

Riboflavin B2 regelt den Stoffwechsel und fördert die normale Hautfunktion. Es ist auch wichtig für normales Wachstum und für eine gute Entwicklung. Zudem vermindert genügend Vitamin B2 Augenschäden. Als Folgen des Mangels entstehen Verdauungs-, Augen- und Hautstörungen.
Niacin ist verantwortlich für den Stoffwechsel und gesunde Schleimhäute. Ein Mangel an Niacin äußert sich an der Veränderung der Schleimhäute, vor allem im Verdauungstrakt und an der Zunge. Es entstehen

auch Hautkrankheiten – rauhe Haut! Mais ist arm an Niacin, darum leiden viele Menschen in den Entwicklungsländern an der Krankheit Pellagra! Weitere Folgen eines Niacin-Mangels sind Appetitlosigkeit, Durchfall, Müdigkeit, Schwäche und Schädigung des Nervensystems.

Antineoplastisches Vitamin B17 – dieses Vitamin wurde erst neu entdeckt, die Forschungsarbeiten laufen auf Hochtouren. Es soll gegen bösartige Geschwülste wirksam sein.

Auch beim Fettgehalt ist Dinkel dem Weizen überlegen. Nun – das mag im ersten Moment nicht erfreulich tönen! Aber Fett ist nicht gleich Fett. Unterschiede gibt es im Anteil der essentiellen Fettsäuren, und diese sind für den Abbau des Cholesterins verantwortlich. Die essentiellen Fettsäuren können vom Körper nicht selber gebildet werden und müssen in der Nahrung aufgenommen werden. Die gute Versorgung des Körpers mit essentiellen Fettsäuren gewährt einen Schutz gegen den gefürchteten Herzinfarkt.

Den Hauptbestandteil des Dinkels bilden die Kohlenhydrate. »Der Dinkel verschafft seinem Esser rechtes Fleisch und rechtes Blut und verleiht einen frohen Sinn, die Seele des Menschen macht er froh und voll Heiterkeit!« Hildegard beschreibt mit diesem Text die große biologische Bedeutung der Kohlenhydrate für den Aufbau und die Funktion des Organismus. Bei der Verdauung wird im Körper die gespeicherte Sonnenenergie des Dinkels wieder frei. Diese Pflanzenwärme ist die beste Energiequelle aller Körperzellen. Bemerkenswert ist, daß die Gehirnzellen auf die Glukose angewiesen sind. Stärke kann auch als Reservesubstanz in den Muskelzellen gespeichert werden. Somit kann der Organismus eines Kranken von diesem Notvorrat zehren.

Auch die Mineralstoffe und Spurenelemente machen den Dinkel zu einem wertvollen Nahrungsmittel. Besonders erwähnen möchte ich Phosphor, der auch mengenmäßig am stärksten vertreten ist. Phosphor ist nötig zum Aufbau aller Körperzellen, insbesondere aber der Gehirn-, Leber- und Muskelzellen. Auch da spüren wir wieder, wie zurecht der Dinkel die Kraft hat, ein rechtes Fleisch zu bereiten und die Seele des Menschen froh und heiter zu machen.

Der Dinkel verdient es also, daß *er* das Getreide-Produkt Nummer Eins in unserer Küche ist. Die große Auswahl an Dinkelprodukten erleichtert uns das Menüaufstellen.

– Da gibt es das ganze Getreidekorn. Unverändert kann man es zubereiten und als Beigabe in Suppen, Salaten, Hauptspeisen, Gebäck und Desserts verwenden. Die Körner werden am Vorabend eingeweicht, 10–15 Minuten gekocht und anschließend läßt man sie quellen.
– Wird die äußerste Schale abgeschmirgelt, erhält man Kernotto. Ein herrlicher Ersatz für den raffinierten Reis! Kernotto-Gerichte sind sehr schmackhaft und sehr bekömmlich.

- Grütze sind enthülste, grob zerkleinerte Dinkelkörner. Grütze ist schneller gekocht als Kernotto und eignet sich vor allem zu Suppen, Aufläufen, Gratins, zu Klößchen und Bratlingen.
- Grieß ist noch mehr zerkleinert und ist von Schale und Mehlstaub befreit. Dinkelgrieß hat etwas weniger Bindekraft.
- Schrot ist das Produkt von grobgemahlenen Körnern. Er kann ebenso vielfältig verwendet werden wie Grütze und ist der Hauptbestandteil des Dinkel-Habermuses auf dem Frühstückstisch.
- Dinkelvollkornmehl enthält das ganze Getreidekorn und sollte möglichst kurz vor der Verarbeitung gemahlen werden, weil sich die Vitamine schnell verändern und bei längerer Lagerung sogar vollständig zerstört werden. Hier spielt die Haushaltsmühle eine wichtige Rolle. Auf die Haushaltsmühle komme ich später zurück.
- Dinkelweißmehl liefert genau so ein bekömmliches Dinkelbrot, wie das dunkle Dinkelvollkornmehl. Dies rührt daher, daß das Dinkeleiweiß nicht nur in den Randschichten der Körner steckt, sondern zu einem beträchtlichen Teil wie ein feines Netz auch den ganzen Mehlkern, die Mehlzellen, durchzieht. Anders beim Weizenkern! Dort befinden sich in den Randschichten Eiweiß, Mineralstoffe und Vitamine. D. h. jetzt aber nicht, daß man ohne weiteres Dinkelweißbrot genießen soll. Dinkelvollkornbrot schmeckt anders, verdaut sich auch anders und wirkt auch anders als Dinkelweißbrot. In ihm ist noch die verdauungsfördernde Kleie enthalten und das gesamte Vitamin B1.
- Flocken sind enthülste Körner, die industriell gedämpft, feucht gewalzt und getrocknet sind. Es gibt auch Haushaltsmaschinen, mit denen man selber Dinkelflocken herstellen kann. – Die Körner werden am Vortag mit Wasser befeuchtet, zum Trocknen auf ein Leinentuch ausgelegt und anderntags dann gepreßt. Die Flocken sehen zwar etwas weniger schön aus, enthalten aber den vollen Nährwert des ganzen Getreidekornes.
- Cornflakes sind ein guter Ersatz für Kartoffelchips und eignen sich zum Knabbern zwischendurch und als Bereicherung auf dem Fruchtmüesli.
- Sehr beliebt, nicht nur von Kindern, sind die Goldnüssli. Dinkel wird gepufft und dann in einem wohlausgeklügelten Verfahren mit Honig überzogen. Achten Sie darauf, daß sie immer ein Paket Dinkelnüssli im Vorrat haben! So ist für Ihren Besuch stets eine Überraschung bereit!
- Auch das Vollwertmüesli ist ideal zusammengesetzt. Es eignet sich vor allem als Beigabe zur Rohkosttorte, zu Bircher- und Fruchtmüesli.
- Wer ganz auf Dinkelkost umgestellt hat, der trinkt auch gerne den Dinkelkaffee. Anfänglich mag es eine Überwindung sein. Denken wir aber an die Vorzüge des Dinkelkaffees, so bleibt man sicher dabei. Vor allem Rheumatiker möchten ihn nicht mehr missen.
- Neu und für viele Schweizer wohl noch unbekannt ist das Dinkelbier. Dinkelbier tut gut, Dinkelbier schmeckt gut! Davon konnte ich mich auf der Insel Reichenau überzeugen.

Dank der großen Vielfalt der Dinkelprodukte kann in der Küche viel Abwechslung in die Menüs gebracht werden. Das Dinkelhabermus zum

Frühstück bildet eine bodenständige Grundlage für den ganzen Tag. Durch das warme Habermus wird der ganze Organismus von Kopf bis Fuß von einem Wärmegefühl überströmt, so daß man nicht mehr an kalten Füßen leiden muß. Und zum Habermus den Dinkelkaffee!

Am Mittag kommt als erstes ein warmes Gericht, wohl eine Suppe, auf den Tisch. Sie kann gebunden sein oder klar; gebunden mit Dinkelmehl, Grieß, Flocken oder Grütze, klar, mit Körner-, Klößchen-, Biskuit-, Teigwareneinlagen. Unerschöpflich sind die Möglichkeiten für das Hauptgericht. Vor allem attraktiv sind Speisen aus Kernotto und Dinkelgrütze. Wer einmal ein gutes Grundrezept entdeckt hat, kann dasselbe mit etwas Phantasie, der Jahreszeit angepaßt, entsprechend ändern. Gemüse und Kräuter helfen dabei.

Auch Nachspeisen kann man mit Dinkelprodukten abwechslungsreich zubereiten, z. B.
    Müesli mit Flocken, Goldnüssli
    Fruchtsalate mit Körnern, Grütze, Flocken
    Cremen mit Schrot, Mehl
    Puddinge mit Grieß, Flocken oder Mehl
    Gebäck mit verschiedenem Mehl und Schrot

Zum Nachtessen darf das Dinkelbrot nicht fehlen! Groß sind die Möglichkeiten, Dinkelbrot auf immer wieder neue Art herzustellen. Variieren können die Form der Brote, die verwendete Mehlart, die Gewürze, die Kräuter und sonstige Beigaben. Zu den Gewürzen: Probieren Sie es mal mit Galgant, Kubebenpulver, Bertram, Koriander, Fenchel oder Kümmel. Oder bereichern Sie das Brot mit Küchenkräutern! Besonders geeignet dazu sind Petersilie, Majoran und Basilikum. Beigaben wie Datteln, Sultaninen, Mandeln, Sonnenblumen- oder Kürbiskerne, Mohn-, Sesam- oder Flohsamen geben dem Brot eine besondere Note. Je nach Zusammensetzung des Brotes wird die Beilage gewählt, z. B.:
– Käse (am besten ein Schweizer Käse, dazu Mutterkümmel)
– Quark nature, mit Kräutern oder Früchten angereichert
– Und wer dem Fleisch den Vorzug gibt, kommt auch bei Hildegard auf die Rechnung.

Ein Wort zum Dinkel in der Diätküche

Hildegard selbst gibt ein Rezept: Sie sagt: »Und wenn gar jemand von Kranksein so geschwächt ist, so daß er vor Schwäche nicht mehr beißen kann, dann nimm bloß ganze Körner vom Dinkel und koche sie im Wasser, füge Butter und Eidotter (und eine Prise Salz) hinzu, wodurch das Essen noch ein wenig schmackhafter wird und der Kranke es lieber ißt. Das gib dem Kranken zu essen und es heilt ihn von innen heraus wie eine gute und heilsame Salbe.« So weit Hildegard. Wir finden sehr häufig bei Kranken und stark abgemagerten Menschen, daß sie nur sehr schwer

kauen und fast nicht mehr schlucken können. Ihre Schleimhäute und ihre Säfte sind sozusagen vertrocknet. In diesen Fällen lohnt es sich, dieses Dinkel-Ganzkorngericht zuzubereiten und als Mahlzeit dem Kranken zu reichen. Die Schleimhäute erholen sich dann wieder in erstaunlicher Weise. Der Körper laugt aus den ganzen Dinkelkörnern das Nötige heraus, auch wenn sie von ihm nicht mechanisch verkleinert wurden. Vorausgesetzt natürlich, daß die Körner völlig weich gekocht sind.

Ja, man kann sagen, daß man Dinkel bei allen Krankheiten als Basis-, Nahrungs- und Heilmittel einsetzen sollte. Vom Dinkel als Diätgetreide liegen ärztliche Erfahrungen vor. Sie können folgendermaßen zusammengefaßt werden:

Aufgrund der hervorragenden guten Wasserlöslichkeit des Dinkels werden seine vitalen Inhaltsstoffe wie flüssige Nahrung ohne belastende Verdauungsarbeit vom Körper rasch aufgenommen und dem gesamten Organismus zur Verfügung gestellt. Dadurch werden alle Körperzellen optimal ernährt und gestärkt und sind zu Höchstleistungen fähig. Dinkel ist demnach eine vorzügliche Sportlernahrung!

Besonders erfolgreich erwies sich die Dinkelernährung bei folgenden Krankheiten:

1. Darmkrankheiten

Dinkel sollte in jeglicher Form die Grundlage der Ernährung bei Magen-Darm-Störungen sein.
Bei Darmgeschwüren und Durchfällen helfen Dinkelmehlsuppen, Grießspeisen und alles, was feiner ist als Grieß. In schweren Fällen kann man das Durchfallei einsetzen.
Bei Verstopfung, bei Hämorrhoiden und bei Divertikulosen, die gewöhnlich als Folge von Verstopfung auftreten, sollen Dinkelspeisen aus Körnern, Kernotto, Grütze und Flocken zubereitet werden, evtl. unterstützt mit Flohsamen oder Dinkelkleie.

2. Stoffwechselkrankheiten

Bei Fettsucht wird eine Hildegard-Fastenkur empfohlen (S. 49 Küchengeheimnisse der Hildegard-Medizin), und danach sollte man auf Dinkelkost umstellen.
Beim Diabetiker sorgen die Dinkelfaserstoffe 8,8 % für einen langsamen Einstrom der Glukose in den Körper. Dadurch wird eine Einsparung von Insulin möglich. Zusätzlich Bertram als Gewürz einsetzen!
Bei Gicht und Rheuma kommt der Einsatz von Dinkelkaffee zum Zuge.

3. Nervenleiden

Bereits angetönt habe ich die Wirkungen der essentiellen Aminosäuren (des Phenylalanins und des Tryptophans), sowie des Vitamin-B-Komplexes für ein frohes Herz und Gemüt.

4. Arzneimittelschäden

Nur zu oft wird beim Einsatz von Antibiotika die Darmflora geschädigt. Dank Dinkel regenerieren sich die Verdauungswege. Bewährt hat sich bei verätzter Speiseröhre die Dinkelbrühe. Ebenso kann bei Milchunverträglichkeit bei Säuglingen die Dinkelbrühe eingesetzt werden.

5. Herz- und Kreislaufstörungen

Bewährt hat sich bei Herzbescherden und bei hohem Blutdruck ein salzarmes Dinkelbrot, gewürzt mit Bertram, Galgant, Quendel und Diptam.

6. Lebensmittelallergien

Die Unverträglichkeit von Hafer, Weizen und Soja äußert sich in Blähungen und Durchfall. Dinkel wird in den meisten Fällen gut vertragen.
Dinkel ist also innerhalb der Hildegard-Küche nicht mehr wegzudenken. Und ich hoffe, daß alle jene von Ihnen, die ihn noch nicht gekannt haben, jetzt recht Lust darauf bekamen. Dinkel schmeckt Gesunden und Kranken, denn:
»Dinkel ist das beste Getreide, fettig und kraftvoll und leichter verdaulich als alle anderen Körner. Es verschafft dem, der es ißt, ein rechtes Fleisch und bereitet ihm ein gutes Blut. Die Seele des Menschen macht es froh und voll Heiterkeit.«
Selbstverständlich ist es unerläßlich, daß bei auftretenden Krankheiten ein Arzt oder Heilpraktiker aufgesucht wird. In einem Beratungsgespräch kann dann festgestellt werden – ob und in welchem Maß – Hildegard-Produkte Linderung und Heilung verschaffen können.

Sr. Rosemarie Müller

Verzeichnis A: Rezepte nach Gerichten

I. Suppen:

1. Klare Suppen:

Dinkelkörner-Suppe	31
Minestrone mit Dinkelkörnern	32
Kräuter-Pfannkuchensuppe	33
Hildegard-Suppe mit Brotkugeln	33
Dinkelbrösel-Suppe	34
Goldwürfel-Suppe	34
Schwammklößchensuppe	35
Bouillon mit Dinkelgrieß-Klößchen	36
Dinkelschrotklößchen-Suppe	37
Leberknödelsuppe	38
Dinkelmehlbiskuit-Suppe	39
Kürbis-Dinkelsuppe	39

2. Gebundene Suppen:

Dinkelflocken-Suppe	40
Eingerührte Dinkelvollkornmehl-Suppe	40
Gedämpfte Dinkelmehl-Suppe	41
Gedämpfte Dinkelgrütze-Suppe	41
Gedämpfte Dinkel-Cremesuppe	42
Selleriecremesuppe	42
Dinkelgrieß-Suppe mit Gemüse	43
Geröstete Dinkelgrieß-Suppe	43
Geröstete Dinkelgrütze-Suppe	44

Verzeichnis A: Rezepte nach Gerichten

II. Hauptspeisen:

1. Pikante Gerichte:
Mit Fleisch

Dinkelnudeln mit Kalbfleisch	45
Dinkelnudel-Salat	46
Dinkelhörnlepfanne	46
Dinkelnudel-Eintopf	47
Be-Schu-Ba	48
Lasagne verde mit Quark	49
Dinkelgrieß-Spaghetti kunterbunt	50
Dinkelvollkornspaghetti-Omelett	51
Kernotto nach Hausmannsart	52
Dinkelgrütze-Znacht	53
Dinkelgrütze im Zucchininest	54
Pikanter Dinkelschrotauflauf	55
Dinkelschrotgratin mit Gemüse	56
Bunter Grießauflauf	57
Rindfleischeintopf	57
Dinkelburger	58
Hackfleischtaschen	59
Dinkel-Ravioli	60
Pizza (1. Art)	61
Pizza mit Spinat	62

2. Pikante Gerichte:
Ohne Fleisch

Kernotto	63
Dinkel-Knöpfle	64
Kräuter-Spätzle	65
Dinkelnudeln mit Pilzsauce	66
Schlemmer-Dinkelvollkornnudeln	67
Dinkelvollkornnudeln mit Gemüse	68
Bunter Spaghetti-Topf	69
Dinkelnudel-Soufflé	70
Dinkelnudel-Auflauf	71
Dinkel-Kräuternudel-Gratin	72
Quarkauflauf mit Dinkelnudeln	72
Dinkelschrotauflauf mit Gemüse	73
Dinkelgrützeauflauf mit Käsekruste	74

Verzeichnis A:
Rezepte nach Gerichten

Dinkelgrützeauflauf mit Fenchel	75
Fenchelauflauf	76
Dinkelgrieß-Schnitten	77
Dinkelgrieß-Klöße	78
Pikante Dinkelschrot-Schnitten	79
Dinkelbacklinge	80
Dinkelküchlein	81
Dinkelgrütze-Plätzchen	82
Dinkelflocken-Küchlein	83
Kichererbsen im Dinkelflockenmantel	84
Dinkel-Rösti	85
Kräuteromelett	86
Omelett mit Kernotto	86
Kürbispfannkuchen	87
Dinkelcrêpes mit Kräutersauce	88
Dinkelblinis	89
Gemüsestrudel mit Kräutersauce	89

3. Süße Gerichte:

Dinkelgrießbrei	91
Dinkelreisbrei	91
Süßer Dinkelreis	92
Dinkelbrei – warm oder kalt	92
Dinkelgrütze	93
Kernotto-Plätzchen	93
Feines Omelett	94
Omelett mit Dinkelgrieß	94
Dinkelzwiebackauflauf mit Apfelmus	95
Dinkelschrotgratin mit Früchten	96
Dinkelschrotauflauf mit Quark	97
Dinkelgrießauflauf meringuiert	98
Grießwürfel-Auflauf	99
Quarkauflauf mit Saisonobst	100
Quarkauflauf mit Dörrobstfrüchten	101
Nußauflauf mit Äpfeln	102
Dinkelvollkorn-Dampfnudeln	103

Verzeichnis A:
Rezepte nach Gerichten

III. Bellagen:

1. Salate: Grundrezept für ganze Dinkel-
körner 104
Dinkelkörnersalat 104
Dinkelkörnersalat mit Kräutern . . . 105
Würziger Dinkelkörnersalat 105
Körnersalat im »roten Mantel« 106
Bunter Kopfsalat 107

2. Saucen: Kräuterrahm 107
Schnittlauchsauce 108
Zwiebelsauce 109
Bunte Kräutersauce 109
Rindfleischsauce 110
Gratinsauce 111
Rotweinsauce (süß) 111

Verzeichnis A: Rezepte nach Gerichten

IV. Dessert:

1. Müesli:
- Obstsalat mit Dinkelkörnern 112
- Frischkornmüesli 112
- Fruchtmüesli mit Dinkelflocken ... 113
- Schrotmüesli 114
- Frühstücksmüesli 115
- Dinkelflockenmüesli kalorienarm .. 115
- Dinkelflockenmüesli mit Fruchtsaft 116
- Joghurt-Kaltschale 116
- Rohkosttorte 117
- Dinkelmus zum Frühstück 118

2. Cremes:
- Apfelquarkcreme 119
- Orangenquarkcreme 119
- Vanillecreme 120
- Kernotto-Früchteschaum 120

3. Puddings:
- Vanille-Pudding 121
- Karamel-Pudding 121
- Schokoladen-Pudding mit Dinkelgrieß 122
- Dinkelgrießkopf 122
- Dinkelschrot-Pudding 123
- Dinkelflocken-Pudding 124
- Trauben-Pudding 124
- Feiner Dinkelflockenpudding 125

Verzeichnis A: Rezepte nach Gerichten

V. Gebäck:

1. Brot:

Dinkel-Toastbrot	127
Dinkel-Halbweißbrot	128
Dinkel-Vollkornbrot	129
Dinkel-Vollkornbrot (im Heißluftofen)	130
Dinkel-Schrotbrot	131
Dinkel-Flockenbrot	132
Dinkel-Vollkornbrot mit Joghurt	133
Buttermilchbrot mit Sesam	134
Dinkelbrot mit Sonnenblumenkernen	135
Dinkel-Gewürzbrot	136
Fenchelbrot	137
Kräuterbrot	138
Dinkelbrot mit Karotten	139
Dinkelvollkornbrot mit Orangeat	140
Früchtebrot nach Hildegard	141
Möischterer Brötchen	142
Dinkel-Vollkornzopf	143
Heller Hefezopf mit Quark	144
Dinkelbrötchen mit Rosinen	145
Znünibrötchen	146
Mohnsemmeln	146

2. Kuchen:

Einfaches Dinkelbiskuit	147
Dinkelbiskuit mit Äpfeln	148
Apfelkuchen	149
Dinkelkuchen mit Schokoladewürfeln	150
Sonntags-Kuchen	150
Gugelhupf mit Maroni-Püree	151
Rührkuchen mit Dinkelschrot	152
Gewürzkuchen	152
Honigkuchen	153
Margariten-Lebkuchen	153
Lebkuchen (2. Art)	154
Möhrentorte	155
Äpfel im Versteck	156

Verzeichnis A: Rezepte nach Gerichten

	Linzer-Torte	157
	Mandelkuchen	158
	Johannisbeerkuchen	159
	Quittenkuchen	160
	Fruchtkuchen	161
	Kürbiskuchen	162
	Apfelstrudel	163
	Friedrichs Apfelschnitte	164
	Mailänderschnitte	165
	Dinkelvollkorn-Biskuitroulade	166
	Dinkelgrießkuchen	167
	Kraftspenderkuchen	168
	Früchtekuchen	169
	Weihnachtskuchen	170
	Dinkel-Stollen	171
	Streuselkuchen	172
	Hefekuchen mit Äpfeln	173
	Gefülltes Hefegebäck	174
	Butterkrapfen	175
3. Kekse:	Mailänderli	176
	Orangenplätzchen	176
	Schwabenbrötchen	177
	Gesundheitsplätzchen	177
	Energieplätzchen	178
	Hildegard-Lebkuchen	179
	Galgantplätzchen	179
	Vollkornplätzchen	180
	Mandel-Vollkornplätzchen	180
	Dinkelschrot-Plätzchen	181
	Trümpfli	182
	Rosinenplätzchen	183
	Marroni-Herzen	184
	Dinkel »Petit Beurre«	185
	Basler Biberli	186
	Gewürzwürfel	187
	Mandel-Stangen	188
	Schokoladestengel	189
	Knusper-Kugeln	190
	Dinkelflockenplätzchen	191
	Einsiedlerkugeln	192

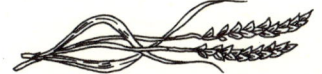

Verzeichnis A:
Rezepte nach Gerichten

Dattelhäufchen 193
Gefülltes Spritzgebäck 194
Florentinerli 195
Ofenküchlein 196
Vanillebretzeln 196
Mandelbretzeln 197
Käsebretzeln 197
Mohnbretzeln 198

VI. Getränke:

Dinkelkaffee mit ganzen Körnern . . 199
Dinkelkaffee mit gemahlenen
Körnern 199

Verzeichnis B:
Rezepte alphabetisch

Äpfel im Versteck	156
Apfelkuchen	149
Apfelquarkcreme	119
Apfelstrudel	163
Basler Biberli	186
Be-Schu-Ba	48
Bouillon mit Dinkelgrieß-Klößchen	36
Bunte Kräutersauce	109
Bunter Grießauflauf	57
Bunter Kopfsalat	107
Bunter Spaghetti-Topf	69
Butterkrapfen	175
Buttermilchbrot mit Sesam	134
Dattelhäufchen	193
Dinkel »Petit Beurre«	185
Dinkel-Flockenbrot	132
Dinkel-Gewürzbrot	136
Dinkel-Halbweißbrot	128
Dinkel-Knöpfle	64
Dinkel-Kräuternudel-Gratin	72
Dinkel-Ravioli	60
Dinkel-Rösti	85
Dinkel-Schrotbrot	131
Dinkel-Stollen	171
Dinkel-Toastbrot	127
Dinkel-Vollkornbrot	129
Dinkel-Vollkornbrot (im Heißluftofen)	130
Dinkel-Vollkornbrot mit Joghurt	133
Dinkel-Vollkornzopf	143
Dinkelbacklinge	80
Dinkelbiskuit mit Äpfeln	148
Dinkelblinis	89
Dinkelbrei – warm oder kalt	92
Dinkelbrösel-Suppe	34
Dinkelbrötchen mit Rosinen	145
Dinkelbrot mit Karotten	139
Dinkelbrot mit Sonnenblumenkernen	135
Dinkelburger	58
Dinkelcrêpes mit Kräutersauce	88
Dinkelflocken-Küchlein	83
Dinkelflocken-Pudding	124
Dinkelflocken-Suppe	40

Verzeichnis B: Rezepte alphabetisch

Dinkelflockenmüesli kalorienarm ... 115
Dinkelflockenmüesli mit Fruchtsaft ... 116
Dinkelflockenplätzchen ... 191
Dinkelgrieß-Klöße ... 78
Dinkelgrieß-Schnitten ... 77
Dinkelgrieß-Spaghetti kunterbunt ... 50
Dinkelgrieß-Suppe mit Gemüse ... 43
Dinkelgrießauflauf meringuiert ... 98
Dinkelgrießbrei ... 91
Dinkelgrießkopf ... 122
Dinkegrießkuchen ... 167
Dinkelgrütze ... 93
Dinkelgrütze im Zucchininest ... 54
Dinkelgrütze-Plätzchen ... 82
Dinkelgrütze-Znacht ... 53
Dinkelgrützeauflauf mit Fenchel ... 75
Dinkelgrützeauflauf mit Käsekruste ... 74
Dinkelhörnlepfanne ... 46
Dinkelkaffee mit ganzen Körnern ... 199
Dinkelkaffee mit gemahlenen Körnern ... 199
Dinkelkörner-Suppe ... 31
Dinkelkörnersalat ... 104
Dinkelkörnersalat mit Kräutern ... 105
Dinkelkuchen mit Schokoladewürfeln ... 150
Dinkelküchlein ... 81
Dinkelmehlbiskuit-Suppe ... 39
Dinkelmus zum Frühstück ... 118
Dinkelnudeln mit Kalbfleisch ... 45
Dinkelnudeln mit Pilzsauce ... 66
Dinkelnudel-Auflauf ... 71
Dinkelnudel-Eintopf ... 47
Dinkelnudel-Salat ... 46
Dinkelnudel-Soufflé ... 70
Dinkelreisbrei ... 91
Dinkelschrot-Plätzchen ... 181
Dinkelschrot-Pudding ... 123
Dinkelschrotauflauf mit Gemüse ... 73
Dinkelschrotauflauf mit Quark ... 97
Dinkelschrotgratin mit Früchten ... 96
Dinkelschrotgratin mit Gemüse ... 56
Dinkelschrotklößchen-Suppe ... 37
Dinkelvollkorn-Biskuitroulade ... 166

Verzeichnis B: Rezepte alphabetisch

Dinkelvollkorn-Dampfnudeln	103
Dinkelvollkornbrot mit Orangeat	140
Dinkelvollkornnudeln mit Gemüse	68
Dinkelvollkornspaghetti-Omelett	51
Dinkelzwiebackauflauf mit Apfelmus	95
Einfaches Dinkelbiskuit	147
Eingerührte Dinkelvollkornmehl-Suppe	40
Einsiedlerkugeln	192
Energieplätzchen	178
Feiner Dinkelflockenpudding	125
Feines Omelett	94
Fenchelauflauf	76
Fenchelbrot	137
Florentinerli	195
Friedrichs Apfelschnitte	164
Frischkornmüesli	112
Fruchtkuchen	161
Fruchtmüesli mit Dinkelflocken	113
Früchtebrot nach Hildegard	141
Früchtekuchen	169
Frühstücksmüesli	115
Galgantplätzchen	179
Gedämpfte Dinkel-Cremesuppe	42
Gedämpfte Dinkelgrütze-Suppe	41
Gedämpfte Dinkelmehl-Suppe	41
Gefülltes Hefegebäck	174
Gefülltes Spritzgebäck	194
Gemüsestrudel mit Kräutersauce	89
Geröstete Dinkelgrieß-Suppe	43
Geröstete Dinkelgrütze-Suppe	44
Gesundheitsplätzchen	177
Gewürzkuchen	152
Gewürzwürfel	187
Goldwürfel-Suppe	34
Gratinsauce	111
Grießwürfel-Auflauf	99
Grundrezept für ganze Dinkelkörner	104
Gugelhupf mit Maroni-Püree	151
Hackfleischtaschen	59
Hefekuchen mit Äpfeln	173
Heller Hefezopf mit Quark	144
Hildegard-Lebkuchen	179

Verzeichnis B: Rezepte alphabetisch

Hildegard-Suppe mit Brotkugeln	33
Honigkuchen	153
Joghurt-Kaltschale	116
Johannisbeerkuchen	159
Karamel-Pudding	121
Käsebretzeln	197
Kernotto	63
Kernotto nach Hausmannsart	52
Kernotto-Früchteschaum	120
Kernotto-Plätzchen	93
Kichererbsen im Dinkelflockenmantel	84
Knusper-Kugeln	190
Körnersalat im »roten Mantel«	106
Kräuter-Pfannkuchensuppe	33
Kräuter-Spätzle	65
Kräuterbrot	138
Kräuteromelett	86
Kräuterrahm	107
Kraftspenderkuchen	168
Kürbis-Dinkelsuppe	39
Kürbispfannkuchen	87
Kürbiskuchen	162
Lasagne verde mit Quark	49
Leberknödelsuppe	38
Lebkuchen (2. Art)	154
Linzer-Torte	157
Mailänderli	176
Mailänderschnitte	165
Mandel-Stangen	188
Mandel-Vollkornplätzchen	180
Mandelbretzeln	197
Mandelkuchen	158
Margariten-Lebkuchen	153
Maroni-Herzen	184
Minestrone mit Dinkelkörnern	32
Mohnbrezeln	198
Mohnsemmeln	146
Möhrentorte	155
Möischterer Brötchen	142
Nußauflauf mit Äpfeln	102
Obstsalat mit Dinkelkörnern	112
Ofenküchlein	196

Verzeichnis B: Rezepte alphabetisch

Omelett mit Dinkelgrieß	94
Omelett mit Kernotto	86
Orangenplätzchen	176
Orangenquarkcreme	119
Pikante Dinkelschrot-Schnitten	79
Pikanter Dinkelschrotauflauf	55
Pizza (1. Art)	61
Pizza mit Spinat	62
Quarkauflauf mit Dinkelnudeln	72
Quarkauflauf mit Dörrobstfrüchten	101
Quarkauflauf mit Saisonobst	100
Quittenkuchen	160
Rindfleischeintopf	57
Rindfleischsauce	110
Rohkosttorte	117
Rosinenplätzchen	183
Rotweinsauce (süß)	111
Rührkuchen mit Dinkelschrot	152
Schlemmer-Dinkelvollkornnudeln	67
Schnittlauchsauce	108
Schokoladen-Pudding mit Dinkelgrieß	122
Schokoladestengel	189
Schrotmüesli	114
Schwabenbrötchen	177
Schwammklößchensuppe	35
Selleriecremesuppe	42
Sonntags-Kuchen	150
Streuselkuchen	172
Süßer Dinkelreis	92
Trauben-Pudding	124
Trümpfli	182
Vanille-Pudding	121
Vanillebretzeln	196
Vanillecreme	120
Vollkornplätzchen	180
Weihnachtskuchen	170
Würziger Dinkelkörnersalat	105
Znünibrötchen	146
Zwiebelsauce	109

Dinkelkörner-Suppe

50 g Dinkelkörner oder	8 Stunden einweichen
50 g Dinkelgrütze	3 Stunden einweichen
1 Eßlöffel Butter 30 g Dinkelweißmehl	dünsten
1 Liter Wasser 1 Messerspitze Pelargonien-pulvermischung	ablöschen
1 Eßlöffel Hildegard-Würze Eingeweichte Dinkelkörner oder -grütze	beigeben, Kochzeit: 15 Minuten
1 Eßlöffel Käse oder 1 Gesundheitsei	in die Suppenschüssel geben

Gesundheitsei:

1 Liter Wasser	sieden
1 Eßlöffel Wein	beigeben
1 aufgeschlagenes Ei	sorgfältig hineingleiten lassen. Kochzeit: 8–10 Minuten
Dotter	kleinhacken
Eiweiß	nicht verwenden!

Tip
Suppe mit Gemüse anreichern

Minestrone mit Dinkelkörnern

50 g Dinkelkörner	über Nacht einweichen, 10 Minuten kochen und 20 Minuten quellen lassen
1 Knoblauchzehe etwas Bleichsellerie 1 Karotte 1 kleine Fenchelknolle einige grüne Bohnen 1 Kartoffel	klein schneiden, andämpfen, mit 1 1/2 Liter Wasser ablöschen
1 Eßlöffel Hildegard-Würze 1 Kaffeelöffel Salz 1–2 Messerspitzen Muskatpulver	beigeben
2 Salbeiblätter 4 Basilikumblätter 1/2 Bund Petersilie	kleinhacken, beigeben Kochzeit: 50–60 Minuten
Dinkelkörner	kurz vor dem Anrichten beigeben
Geriebenen Parmesan	auf die angerichtete Suppe streuen

Tip
Gemüse entsprechend der Saison wählen

Kräuter-Pfannkuchensuppe 1-93

30 g Dinkelweißmehl 1 Prise Salz 1 Messerspitze Muskatpulver	in eine Schüssel geben
1–2 Eier	im Litermaß aufklopfen
Mit Milch auf 150 ml Flüssigkeit	auffüllen, unter Rühren zum Mehl geben, 1 Stunde ruhen lassen
Geschnittene Kräuter	beifügen
2 Pfannkuchen	backen, halbieren, aufrollen, in feine Streifen schneiden
1 Liter Hildegard-Würze	darübergießen

Hildegard-Suppe mit Brotkugeln 1-95

25 g Butter 3 Eier 1 Prise Salz Muskat	schaumig rühren
60–70 g Dinkel-Weißbrotbrösel	beigeben, bis eine formbare Masse entsteht
Kleine Teigkugeln	formen
In erwärmter Butter	goldig backen
Mit einer klaren Bouillon Petersilie oder Schnittlauch	servieren

Dinkelbrösel-Suppe 1-96

1 Eßlöffel Butter	weichrühren
4 Eßlöffel Dinkel-Brösel 2 Eier Muskat 1 Prise Salz 1 gepreßte Knoblauchzehe 100 ml Wasser	beigeben, gut mischen
900 ml Wasser 1 1/2 Eßlöffel Hildegard-Würze	sieden
Bröselmasse	unter Rühren einlaufen lassen
Suppe	unter Rühren aufkochen, anrichten
Petersilie	beigeben

Goldwürfelsuppe 1-380

8 Schnitten Dinkel-Toastbrot, altbacken	in kleine Würfel schneiden
1 Ei 2 Eßlöffel Milch	verrühren
Brotwürfel	beigeben und sofort vermischen, bis alle gleichmäßig durchfeuchtet sind
1 Eßlöffel Butter	erwärmen
Brotwürfel	beigeben und gleichmäßig »goldig« backen
1 Liter Bouillon 1 Eßlöffel Schnittlauch	zubereiten, anrichten
Goldwürfel	darauf geben

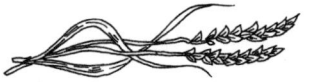

Schwammklößchensuppe

1/8 Liter Milch 10 g Butter 1 Prise Salz	zum Sieden bringen, Hitze reduzieren
50 g Dinkelgrieß 15 g Dinkelweißmehl	beigeben, gut rühren, bis sich der Teig von der Pfanne löst
Teig	leicht auskühlen lassen
1 Ei	gut unterrühren
Gehackte Petersilie Muskat	beifügen
1 Liter Hildegard-Würze	zum Kochen bringen
Teigmasse	in Spritzsack füllen, Durchmesser der Tülle 5 mm
Kurze Teigklößchen	in die Bouillon schneiden, 5 Minuten ziehen lassen
Klößchensuppe	über Suppengrün anrichten

Bouillon mit Dinkelgrieß-Klößchen

1-98

150 ml Milch 15 g Butter 1/4 Teelöffel Salz Wenig Muskat	zum Kochen bringen
50 g Dinkelgrieß	einrühren, zu dickem Brei kochen
1/2–1 Ei aufgeschlagen fein gehackte Petersilie	mit dem leicht ausgekühlten Brei tüchtig vermischen, in Spritzsack füllen, Tülle ca. 3/4 cm weit
1 Liter Hildegard-Würze	sieden
Grießmasse	untermengen, ca. 1 cm lange Stückchen, 5 Minuten ziehen lassen, anrichten
Petersilie oder Schnittlauch	schneiden, beifügen

Dinkelschrotklößchen-Suppe

2 Eigelb
100 g Dinkelschrot
2 Eßlöffel Dinkelweißmehl
1/2 Kaffeelöffel Salz
Muskat/Quendel
Streuwürze   mischen, 1/2 Stunde stehen lassen

3–4 Eßlöffel Wasser
Petersilie   beigeben, die Masse muß fest sein

1 Liter Wasser
1 Eßlöffel Hildegard-Würze   sieden

Dinkelschrotmasse   mit Kaffeelöffel abstechen, in der Brühe 15 Minuten ziehen lassen

Tip
Noch schneller geht es, wenn die Masse in den Spritzsack gefüllt wird. Tülle ca. 8 mm Durchmesser.

Leberknödelsuppe

1 Dinkelbrötchen	kleinschneiden
3–4 Eßlöffel heißes Wasser	darübergießen, zugedeckt ca. 10 Minuten stehen lassen
1 Ei	beigeben
1 gehackte Zwiebel	dämpfen
100 g feingehackte Rinds- oder Kalbsleber	mitdämpfen
Ysop, Quendel, Salz, Streuwürze	zum Abschmecken beigeben
Alle Zutaten	mixen, in Spritzsack mit großer Lochtülle füllen
In 1 Liter leicht siedender Hildegard-Bouillon	spritzen, 10 Minuten ziehen lassen

Dinkelmehlbiskuit-Suppe 1-102

                        2 Eigelb
2 Eßlöffel Sonnenblumenöl
                2 Prisen Salz
                          Ysop   schaumig rühren

                Eßlöffel Käse
         2 Eßlöffel Wasser   beigeben, gut mischen

60 g gesiebtes Dinkelweißmehl
                   2 Eischnee   darunterziehen

                 Biskuitmasse   gradlinig ca. 8 mm dick auf Backtrennpapier ausstreichen

Backen: 200°, ca. 10 Minuten, 1. Schiene

Tip
- Das Biskuit sofort nach dem Backen in verschobene Vierecke schneiden.
- Biskuit auf die angerichtete Hildegard-Bouillon geben.

Kürbis-Dinkelsuppe 1-104

                      1 Zwiebel   fein schneiden, dämpfen

                800 ml Wasser   ablöschen

                 300 g Kürbis   rüsten, in kleine Stücke schneiden, beigeben, weichkochen, eventuell mixen

1 Tasse gekochte Dinkelkörner
                 Etwas Thymian
                 1 Prise Muskat
       1 Kaffeelöffel Meersalz
1 Kaffeelöffel Hildegard-Würze   beigeben, aufkochen

                4 Eßlöffel Rahm   zum Verfeinern beigeben, wenn die Kürbiswürfel gemixt wurden

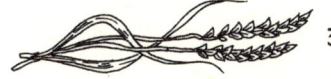

Dinkelflocken-Suppe

1 Liter Wasser	sieden
1 1/2 Eßlöffel Hildegard-Würze Muskat	beigeben
30 g Dinkelflocken 1 Eßlöffel Edelkastanienmehl	einrühren, Kochzeit: 30 Minuten
1 mittelgroße, rohe Kartoffel	fein reiben, beigeben, nochmals gut aufkochen
2 Eßlöffel Milch 1 Ei oder 2 Eßlöffel Rahm	vermengen, einrühren, anrichten
Schnittlauch Petersilie	fein schneiden, beifügen

Eingerührte Dinkelvollkornmehl-Suppe

1 Liter Wasser	sieden
40 g Dinkelvollkornmehl	unter Rühren beigeben Kochzeit: 15 Minuten
1 1/2 Eßlöffel Hildegard-Würze	beigeben
1 Ei 2 Eßlöffel Rahm oder Milch	vermengen, unter Rühren einlaufen lassen, sofort anrichten
Geröstete Brotwürfel Suppengrün	in die Suppenschüssel geben

Gedämpfte Dinkelmehl-Suppe 1-107

1/2 Eßlöffel Kochbutter	erwärmen
1 gehackte Zwiebel	hellgelb dämpfen
50 g Dinkelweißmehl	beigeben, mitdämpfen
1 Liter Wasser	ablöschen
1 1/2 Eßlöffel Hildegard-Würze	beigeben
1 Karotte	hineinreiben Kochzeit: 15 Minuten
Grünes 2 Eßlöffel Rahm 1 Eßlöffel Greyerzer	in die Suppenschüssel geben

Gedämpfte Dinkelgrütze-Suppe 1-108

1/2 Eßlöffel Butter	erwärmen
Gehackte Zwiebeln 2 Eßlöffel Karottenwürfel	dämpfen
30 g Dinkelmehl 30 g Dinkelgrütze	beigeben, mitdämpfen
1 Liter Wasser	ablöschen
1 Eßlöffel Hildegard-Würze Muskat	beigeben, Kochzeit: 15 Minuten
2 Eßlöffel Rahm Geschnittenes Suppengrün	in die Schüssel geben

Gedämpfte Dinkel-Cremesuppe

1-109

2 Eßlöffel Butter 40 g Dinkelweißmehl oder Edelkastanienmehl	dünsten
1 Liter Wasser	zum Ablöschen, Kochzeit: 15 Minuten
1 Eßlöffel Hildegard-Würze 1 Prise Salz Muskat Einige Tropfen Zitronensaft	zum Abschmecken
Geröstete Dinkelbrotwürfel Schnittlauch	in die Suppenschüssel geben.

Selleriecremesuppe

1-110

1 Eßlöffel Butter	erwärmen
30 g Dinkelweißmehl	dämpfen
1 Liter Wasser	ablöschen
1 Eßlöffel Hildegard-Würze 1/3 Kaffeelöffel Salz	beigeben
1 kleine Sellerieknolle	schälen, in Scheiben schneiden, beigeben, Kochzeit: 20–30 Minuten
Suppe	mixen oder durch ein Sieb passieren
1 Eigelb 3 Eßlöffel Rahm	vermengen, unter Rühren in die nicht mehr kochende Suppe einrühren
Gehackte Sellerieblätter Gehackte Petersilie Gehackten Majoran	in die Suppenschüssel geben

Dinkelgrieß-Suppe mit Gemüse 1-111

1 Eßlöffel Butter	erwärmen
1/2 Zwiebel 1 kleingeschnittene Karotte 1/2 Tasse Sellerie gewürfelt	dämpfen
40 g Dinkelgrieß	beigeben, mitdämpfen
1 Liter Wasser	ablöschen, Kochzeit: 15 Minuten
Ysop, Muskat 1 1/2 Eßlöffel Hildegard-Würze 1 Prise Salz	zum Abschmecken

Geröstete Dinkelgrieß-Suppe 1-112

1/2 Eßlöffel Butter 3 Eßlöffel Dinkelgrieß	erwärmen hellbraun rösten
1 geschnittene Zwiebel	kurz mitrühren
1 Liter heißes Wasser	ablöschen, Kochzeit: 20 Minuten
1 1/2 Eßlöffel Hildegard-Würze 2 Messerspitzen Muskatpulver	beigeben
1 Ei 2 Eßlöffel Rahm oder Milch	vermengen, unter Rühren beifügen, sofort anrichten
1/2 Tasse Brotwürfel	rösten, in die Suppenschüssel geben
Mit Suppengrün	verzieren

Tip
Anstelle von Dinkelgrieß 30 g Dinkelgrütze und 30 g Dinkelweißmehl verwenden

Geröstete Dinkelgrütze-Suppe 1-113

1/2 Eßlöffel **Kochbutter**	erwärmen
30 g **Dinkelgrütze** 30 g **Dinkelweißmehl**	hellbraun rösten
1 **gehackte Zwiebel** 1/2 Tasse **Selleriewürfel**	beigeben, mitdämpfen
1 Liter **Wasser**	ablöschen
1 1/2 Eßlöffel **Hildegard-Würze** 1 Messerspitze **Pelargonien- pulvermischung**	beigeben, Kochzeit: 20–30 Minuten
2 Eßlöffel **Rahm** **Suppengrün**	in die Schüssel geben

Dinkelnudeln mit Kalbfleisch

Sud:

1 Liter Wasser 1 Zwiebel, besteckt	aufkochen
1 Kaffeelöffel Salz 300 g Kalbfleisch am Stück	beigeben, aufkochen, abschäumen
1 Karotte 1 Stück Sellerie	beigeben, 40 Minuten kochen lassen
Fleisch	herausnehmen, in kleine Stücke schneiden

Sauce:

30 g Butter	schmelzen
40 g Dinkelweißmehl	dünsten
400 ml Sud	ablöschen, 10 Minuten köcheln lassen, würzen
3 Eßlöffel Weißwein 100 ml Rahm Fleischwürfel	beigeben, erwärmen und über die angerichteten Nudeln gießen

Nudeln:

2 Liter Wasser 20 g Salz	sieden
200 g Dinkelnudeln	beigeben, »al dente« kochen

Dinkelnudel-Salat

2 Liter Wasser 20 g Salz	sieden
200 g Dinkelnudeln	beigeben, gut weichkochen, absieben, auskühlen lassen
2 hartgekochte Eier 200 g gekochtes Rindfleisch 100 g Halbhartkäse	in Würfel schneiden
50 g Frischkäse 6 Eßlöffel Kaffeerahm 3 Eßlöffel Weinessig 1/2 Kaffeelöffel Senf Streuwürze Pfeffer, Paprika	gut verrühren
Alle Zutaten	mischen, anrichten

Dinkelhörnlepfanne

250 g Dinkelhörnle	in Salzwasser »al dente« kochen, abtropfen lassen
2 Eßlöffel Butter	erwärmen
Hörnle	beigeben, erhitzen
100 g Rauchfleisch	in Streifen schneiden, beigeben
200 g Raclettekäse	in Würfel schneiden, beigeben
1 Messerspitze Mutterkümmelpulver Gehackten Thymian	beifügen
Hörnle	vorsichtig wenden, bis der Käse schmilzt, anrichten
Mit gehackter Petersilie	überstreuen

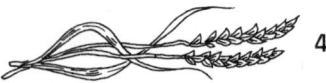

Dinkelnudel-Eintopf

1 Zwiebel	fein hacken
2 Karotten 200 g Zucchini	schälen, in dünne Stengel schneiden
3 feste Tomaten	in Würfel schneiden
1 Eßlöffel Butter	erwärmen
Gemüse	beigeben, unter gelegentlichem Rühren knapp weichdämpfen
evtl. 3 Eßlöffel Sojasauce 3 Eßlöffel Weißwein 1 Messerspitze Kubebenpulver Gewürze	beigeben, mischen, beiseite stellen
1 Eßlöffel Sonnenblumenöl	erhitzen
300 g geschnetzeltes Entenfleisch	anbraten, würzen, beiseite stellen
150 g Dinkelnudeln	in Salzwasser »al dente« kochen, abschütten
Nudeln Entenfleisch Gemüse	mischen, anrichten
Geriebenen Käse	darüber streuen

Be-Schu-Ba (Betriebs-, Schutz-, Baustoffe in einem)

150 g Dinkel-Hörnle	»al dente« kochen
1/2 Eßlöffel Kochbutter	erwärmen
1 kleine Tasse Karottenwürfel 1/2 Tasse Selleriewürfel 1 Eßlöffel Peperoniwürfel 3 Eßlöffel Erbsen	beigeben, dämpfen, mit wenig Wasser ablöschen, knapp weich werden lassen
Gehackte Kräuter Salz, Streuwürze	zum Abschmecken
50 g Bündnerfleisch	klein schneiden
50 g Käse	reiben
Eine Lage Hörnle	in bebutterte Gratinform geben
Obige Zutaten	darauf verteilen
Restliche Hörnle	darauf geben

Guß:

150 g Speisequark 100 ml Rahm oder Milch 3 Eier wenig Salz, Streuwürze, Muskat, Oregano	zusammen verrühren, über die Hörnle gießen
Geriebener Käse Butterflocken	nach Belieben darauf verteilen

Backen: 200°, ca. 30–35 Minuten

Tip
- Wenn möglich frische Kräuter verwenden!
- Gemüse nach Saison wählen
- Anstelle von frischem Gemüse können Gemüsereste verwendet werden
- Statt Fleisch gedämpfte Pilze beigeben

Lasagne verde mit Quark 1-127

250 g grüne Dinkelnudeln	»al dente« kochen
100 g Quark 2 Eier 100 ml Rahm 1 Kaffeelöffel Hildegard-Würze	vermischen
100 g Hackfleisch	anbraten
1 gehackte Zwiebel 1 gehackte Knoblauchzehe 3 Tomaten, in Scheiben geschnitten 1 Eßlöffel Petersilie, gehackt 2 gehackte Salbeiblätter	beigeben, einige Minuten mitdämpfen
Salz, Gewürze	abschmecken
Teigwaren Hackfleisch Teigwaren	lagenweise in bebutterte Gratinform füllen
Quarksauce	darüber gießen
Geriebener Käse	darüber streuen

Backen: 200°, 20 Minuten, 2. Schiene

Dinkelgrieß-Spaghetti kunterbunt

1-315

1 Eßlöffel Sonnenblumenöl	erhitzen
200 g Rinderhüfte, geschnetzelt	beigeben, anbraten
1 Zwiebel, gehackt	beigeben, mitdämpfen
700 ml Wasser	ablöschen, aufkochen
1/2 Kaffeelöffel Salz Pfeffer, Paprika, Thymian, Rosmarin, Salbei, Oregano	beigeben
250 g Spaghetti	locker beigeben, aufrühren und auf schwachem Feuer »al dente« kochen
1/2 Eßlöffel Butter	in kleiner Pfanne erwärmen
1 Tasse Peperoniwürfel, verschiedenfarbig	beigeben, zugedeckt 4–5 Minuten dämpfen und unter die gekochten Spaghetti mischen
80 g Sbrinz, gerieben	unter die gekochten Spaghetti mischen

Dinkelvollkornspaghetti-Omelett

40 g **Butter**	in beschichteter Bratpfanne erwärmen
250 g »al dente« gekochte **Spaghetti** 50 g **Bündnerfleisch**, kleingeschnitten 80 g **Sbrinz, gerieben**	mischen, zugeben, leicht anbraten
3 **Eier** 100 ml **Rahm oder Halbrahm** 1/2 **Kaffeelöffel Salz** **Pfeffer, Paprika, Muskat**	gut mischen, dazugießen und die Pfanne zudecken
Spaghetti-Omelett	solange backen, bis die Eimasse fest ist, auf vorgewärmte Platte stürzen

Kernotto nach Hausmannsart 1-330

2 Eßlöffel Sonnenblumenöl	erwärmen
1 Knoblauchzehe, zerdrückt 1 Zwiebel, feingehackt 1 Rosmarinzweig	bei schwacher Hitze dämpfen
300 g Hackfleisch, gemischt	beigeben, mitdämpfen
300 g Kernotto	dazugeben, kurz mitdämpfen
200 ml Weißwein 300 ml Wasser	ablöschen
2 Eßlöffel Hildegard-Würze	daruntermischen
300 g Gemüse, in Scheiben geschnitten 150 g Pilze, geviertelt	daraufgeben, 10 Minuten kochen lassen, anschließend 20 Minuten ziehen lassen
200 ml Rahm 2 Eßlöffel Petersilie, gehackt	kurz vor dem Servieren darunter mengen
Pfeffer, Paprika, Galgant, Muskat	beigeben, mischen, anrichten
evtl. Käse gerieben	darüberstreuen

Tip
Deckel immer ganz auf der Pfanne belassen (Wärme- und Aromaverlust!).
Kernotto nicht zu heiß essen, der Geschmack kommt besser zur Geltung.

Dinkelgrütze-Znacht

1 Eßlöffel Sonnenblumenöl	erhitzen
400 g Rindfleisch, geschnetzelt	portionsweise anbraten, herausnehmen
1 Eßlöffel Sonnenblumenöl 1 Zwiebel, gehackt	dämpfen, Fleisch wieder beigeben
1 Kaffeelöffel Ysop, geschnitten 1 Messerspitze Quendel Pfeffer, Salz	würzen
200 ml Weißwein	ablöschen, leicht einkochen lassen
600 ml Wasser 3/4 Eßlöffel Hildegard-Würze	beigeben, 15 Minuten zugedeckt leicht kochen lassen
150 g Dinkelgrütze	beigeben, nochmals 15 Minuten kochen, gelegentlich umrühren, dann 10 Minuten ziehen lassen
mit geriebenem Käse	anrichten

Dinkelgrütze im Zucchininest 1-391

1 Eßlöffel Butter	erwärmen
1 Zwiebel, gehackt	dämpfen
80 g Dinkelgrütze 20 g Dinkelschrot	beigeben, mitdämpfen
400 ml Wasser 3/4 Eßlöffel Hildegard-Würze 50 g Bündnerfleisch, in Streifen geschnitten	beigeben, 10 Minuten köcheln lassen, etwa 15 Minuten zugedeckt quellen lassen
8 Zucchinischeiben: ca. 2 cm dick, 8 cm Durchmesser	ungeschält in Salzwasser knapp weichkochen; Kerne mit einem Löffel herauslösen
Zucchini	in gefettete Gratinform legen
Grütze	in Zucchininest anrichten
4 Eßlöffel Rahm	darauf verteilen
8 Scheiben Greyezerkäse	darauf legen, kurz überbacken

Pikanter Dinkelschrotauflauf

100 g Dinkelkörner	über Nacht einweichen, dann 10 Minuten kochen und anschließend 1 Stunde quellen lassen
1 Liter Wasser	sieden
1 1/2 Eßlöffel Hildegard-Würze **250 g Dinkelschrot**	einrühren, kochen, bis ein zähflüssiger Teig entsteht
Dinkelschrot **Körner** **1 Ei** **100 ml Rahm** **3 Eßlöffel Reibkäse** **1 Eßlöffel gehackte Petersilie**	mischen
1 gehackte Zwiebel **250 g geschnetzeltes Entenfleisch**	dämpfen, würzen
Getreidebrei **Fleisch** **Getreidebrei**	in gefettete Gratinform füllen
Butterflocken	darauf verteilen

Backen: 200°, ca. 35 Minuten, 1. Schiene

Dinkelschrotgratin mit Gemüse

1-121

50 g Dinkelkörner	über Nacht einweichen, am Morgen 10 Minuten kochen
1 Liter Wasser 1 Eßlöffel Hildegard-Würze	sieden
250 g Dinkelschrot	einrühren, unter Rühren zu festem Brei kochen
50 g geriebener Käse Dinkelkörner	beigeben
Gehackte Zwiebeln	dämpfen
Geschnittenes Gemüse	beigeben, mitdämpfen
Mit etwas Wasser	ablöschen, würzen
Gemüse	weichdämpfen, ca. 10 Minuten
100 g Rauchfleisch	in feine Streifen schneiden
Gratinform	ausbuttern
1/2 Dinkelmasse	einfüllen
Gemüse Fleisch	darauf verteilen
Restliche Dinkelmasse	daraufstreichen
Käsescheiben	3–4 Minuten vor Ende der Backzeit darauflegen

Im Ofen bei 180° ca. 15 Minuten überbacken

Bunter Grießauflauf 1-389

1/2 l Milch, 1/2 l Wasser 1/2 Eßlöffel Salz	sieden
180 g Dinkelgrieß	einrühren, 10 Minuten kochen
50 g grüne Peperoni 50 g Rauchfleisch	in Streifen schneiden, beigeben
Grießbrei	auf kalt abgespültes Blech gießen, ca. 1,5 cm dick ausstreichen, erkalten lassen, in Rechtecke schneiden
Grießschnitten	in ausgebutterte Gratinform füllen
3 Eier, 200 g Magerquark 100 g geriebenen Sbrinz 1 Eßlöffel Hildegard-Würze 1 Messerspitze Muskat	mischen, darübergießen

Backen: 200°, 30 Minuten, 1. Schiene

Rindfleischeintopf 1-117

200 g Rindsfilet	in Würfel schneiden, anbraten, aus der Pfanne nehmen
2 gehackte Zwiebeln 4 geschnittene Karotten	dämpfen
400 ml Wasser 1 Eßlöffel Hildegard-Würze 1 Messerspitze Bertram 1 Messerspitze Quendel 1 Messerspitze Galgant	beigeben
200 g eingeweichte Dinkelkörner 200 g Bohnen	dazufügen, 20 Minuten köcheln lassen
Angebratene Filetwürfel evtl. etwas Salz	beigeben, erhitzen, anrichten

Dinkelburger

300 g Dinkelflocken grob 300 ml Milch/Wasser 1 Ei aufgeschlagen Salz, Pfeffer	gut miteinander vermengen und 35–40 Minuten ziehen lassen
2–3 Karotten (80–100 g)	durch Bircherreibe reiben, beigeben
1 Zwiebel 1 Bund Schnittlauch 1 Bund Petersilie 3–4 Blätter Beinwell 3–4 Blätter Salbei	fein schneiden, in Butter leicht andünsten, ohne Farbe nehmen zu lassen,
300 g gehacktes Rindfleisch	zur Masse geben und alles gut durchkneten
Salz, Pfeffer, Cayenne, Galgant und Quendel	nach Belieben abschmecken, »Hamburger« formen und in heißem Sonnenblumenöl 3–4 Minuten beidseitig anbraten.

Tip
Kann auch mit Fenchel oder Sellerie gemacht werden. Bei größerem Gemüsequantum 2 Eier nehmen. Das Fleisch kann weggelassen bzw. durch Gemüse oder Fisch (mit Basilikum) ersetzt werden.

Hackfleischtaschen

1-157

Strudelteig:	
250 g Dinkelweißmehl	in eine Schüssel geben, Kranz bilden
2 Eier, 1 Kaffeelöffel Salz 2–3 Eßlöffel Wasser 1 Eßlöffel Sonnenblumenöl	beigeben, zum Teig verarbeiten, 1/2 Stunde ruhen lassen
Teig	sehr dünn auswellen, runde Plätzchen ausstechen, Durchmesser 6–8 cm
Mit Wasser	die Teigränder bestreichen
Je 1 Eßlöffel Fleischfülle	daraufgeben, Plätzchen zur Hälfte überschlagen, Teigränder gut zusammendrücken
Im Salzwasser	5–10 Minuten ziehen lassen, anrichten
Mit Kräutersauce	übergießen
Fleischfülle:	
400 g gehacktes Rindfleisch 1 gehackte Zwiebel 1 kleine Knoblauchzehe Streuwürze, Salz, Quendel, Ysop 1 Eßlöffel Wasser	alle Zutaten geschmeidig kenten
Kräutersauce:	
1/2 Eßlöffel Butter	erwärmen
1 kleine Zwiebel, gehackt	dämpfen
2 Becher (à 180 g) saurem Halbrahm 1 Eßlöffel Hildegard-Würze 2 Eßlöffel gehackte Kräuter (Petersilie, Schnittlauch, Kerbel, Basilikum)	beigeben, erwärmen, anrichten

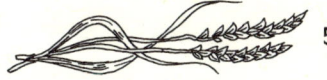

Dinkel-Ravioli

125 g Dinkelweißmehl 125 g Dinkelvollkornmehl	in eine Schüssel geben
2 Eier 3 Eßlöffel Wasser 1 Eßlöffel Sonnenblumenöl 1 Kaffeelöffel Salz	vermischen, beigeben, zu einem geschmeidigen Teig kneten, zugedeckt bei Zimmertemperatur 1/2 Stunde ruhen lassen
Teig	dünn auswellen, die Hälfte des Teiges mit Wasser bestreichen
Füllung	häufchenweise in Abständen von 4–5 cm auf eine Teighälfte verteilen
Andere Teighälfte	darüber legen, rund um die Füllung gut andrücken, kleine Quadrate schneiden
2 Liter Salzwasser	sieden
Angetrocknete Ravioli	beigeben, 10 Minuten ziehen lassen
Mit geriebenem Käse, Rahm- oder Tomatensauce	servieren

Füllung:

150 g geriebener Käse (Emmentaler, Greyerzer) 2 Eier ca. 100 ml Kaffeerahm Pfeffer, Muskat, Paprika	mischen und gut würzen
oder Fleischfülle, siehe Hackfleischtaschen	

Pizza (1. Art)

75 g Magerquark 2 Eßlöffel Sonnenblumenöl 1 Ei	glattrühren
10 g Hefe 2 Eßlöffel lauwarme Milch	gut verrühren, beigeben
150 g feines Dinkelschrotmehl	mischen, beigeben, kurz zu Teig verarbeiten, zugedeckt 1 Stunde warm stellen
Teig	auswellen, Backblech ø 28–30 cm, belegen, stechen
100 g Rauchfleischscheiben 200 g Tomatenscheiben 150 g Käsescheiben	darauflegen
Thymian, Oregano Oliven, Petersilie	zerkleinern, darauf verteilen

Backen: 220°, 20–25 Minuten, 1. Schiene

Tip
Diesen Teig auch für Käse-, Zwiebel- und Gemüsekuchen verwenden!

Pizza mit Spinat

1-381

250 g Dinkelvollkornmehl 1 1/2 Eßlöffel Sojalezithin	in eine Schüssel geben
20 g Hefe 1/2 Kaffeelöffel Honig	miteinander auflösen, beigeben
100 ml Wasser 1 Ei 1 Kaffeelöffel Salz 1 Eßlöffel Sonnenblumenöl	beigeben, zu einem geschmeidigen Teig verarbeiten, auswellen und ein befettetes Kuchenblech (ø 30 cm) damit belegen

Belag:

2 Eßlöffel Dinkelbrösel	auf den Teigboden streuen
100 g Rauchfleisch	in Streifen schneiden, darauf verteilen
800 g Spinat, tiefgekühlt	auftauen und abtropfen lassen
1 Eßlöffel Butter	erwärmen
1 Zwiebel, gehackt 1 Knoblauchzehe, gehackt	dämpfen
Spinat	beigeben, mitdämpfen, halbweich kochen, würzen, erkalten lassen, auf dem Teigboden verteilen
400 g Raclettekäse	daraufverteilen

Backen: 220°, ca. 30 Minuten, 1. Schiene.

Tip
- Gemüse beim Dämpfen mit Leinentuch abdecken: es wird dadurch leichter verdaulich.
- Als Belag können auch Fenchel, Chicoree oder Artischockenherzen verwendet werden.
- Eventuell etwas Galgant nach dem Backen darauf streuen.
- Nach Belieben 150–200 g gehacktes Rindfleisch zubereiten und unter das Gemüse mischen.

Kernotto

1 Eßlöffel Butter	erwärmen
1 feingehackte Zwiebel	dämpfen, bis sie glasig ist
200 g Kernotto	kurz mitdämpfen
500 ml Wasser 2 Eßlöffel Weißwein 1 Eßlöffel Hildegard-Würze 1 Messerspitze Mutterkümmel	beigeben, auf kleiner Flamme etwa 30–40 Minuten köcheln lassen

Tip
- Feingeschnittene Karotten mitdämpfen. Mit wenig Salz nachwürzen.
- Vor dem Anrichten kleingeschnittenes, weichgekochtes Hühnerfleisch daruntermischen, mit Reibkäse bestreuen.
- 2–3 in Scheiben geschnittene Zucchini weichdämpfen; unter den fertigen Kernotto mischen.

Dinkel-Knöpfle

100 g Dinkelgrieß 350 ml Milch	gut mischen, 2–3 Stunden quellen lassen
3 Eier	beigeben, gut verquirlen
300 g Dinkelmehl 1 gestrichener Kaffeelöffel Salz 1 gestrichener Kaffeelöffel Hildegard-Würze	beigeben, gut vermischen, 1/2 Stunde quellen lassen
2 Liter Wasser	zum Sieden bringen
2 gestrichene Eßlöffel Salz	beifügen
Teig	durch das Sieb einlaufen lassen
Knöpfle	5 Minuten ziehen lassen, absieben, anrichten
Mit brauner Butter	abschmelzen
Geriebenen Käse	darüber streuen

Tip
- Knöpfle in Butter wenden
- 2–3 Eßlöffel gehackte Kräuter zum Knöpfleteig geben

Kräuter-Spätzle

1-145

300 g Dinkelweißmehl 1 Kaffeelöffel Salz	in eine Schüssel geben
3 Eier 100 ml saurer Halbrahm 100 ml Wasser	vermischen und beigeben
2–3 Eßlöffel gehackte Kräuter, z. B. Petersilie, Salbei, Majoran 1 Kaffeelöffel Senf 1 Prise Pfeffer	beigeben, vermischen und zugedeckt 1/2 Stunde ruhen lassen
2 Liter Wasser	sieden
2 Eßlöffel Salz	beigeben
Teig	portionsweise durch das Sieb einlaufen lassen, 5 Minuten ziehen lassen
Mit geriebenem Käse	lagenweise anrichten
Mit brauner Butter	abschmelzen

Dinkelnudeln mit Pilzsauce   1-118

250 g Dinkelnudeln	in reichlich Salzwasser »al dente« kochen, abschütten
20 g Butter	erwärmen
Nudeln	darin wenden, warmstellen
20 g Butter 1 gehackte Zwiebel	dämpfen
10 g getrocknete Morcheln 10 g getrockenete Herbsttrompeten (eingeweicht)	mitdämpfen
100 ml Weißwein	zufügen, zur Hälfte einkochen lassen
Gewürze 200 ml Rahm, evtl. Halbrahm 100 g Reibkäse	beigeben, und die Nudeln damit übergießen

Schlemmer-Dinkelvollkorn-nudeln

200 g Dinkelvollkornnudeln	»al dente« kochen
1/2 Eßlöffel Butter	erwärmen
1 gehackte Zwiebel	dämpfen
200 g Pilze	rüsten, in Scheiben schneiden, mitdämpfen
1 Kaffeelöffel Zitronensaft	daraufträufeln
Petersilie, Thymian, Bohnenkraut	fein schneiden, beifügen
Pilze	würzen, 5 Minuten dämpfen
200 ml Rahm	beifügen, erwärmen
Pilzsauce	über die angerichteten Nudeln gießen oder damit mischen
Geriebenen Käse	darüber streuen

Dinkelvollkornnudeln mit Gemüse

250 g Dinkelvollkornnudeln	in Salzwasser »al dente« kochen
1 vollreife Tomate	in kochendem Wasser überbrühen, enthäuten, halbieren, entkernen, in Würfel schneiden
200 g junge Zucchini	ungeschält in Scheiben schneiden
1 Eßlöffel Butter	erwärmen
Zwiebeln, Knoblauch, 200 g Karotten, gewürfelt	dämpfen, ablöschen, ca. 15 Minuten Kochzeit
Zucchini	nach 10 Minuten beigeben
Kräuter Tomatenwürfel 200 ml Rahm	kurz vor dem Fertigkochen beigeben
100 g Fonduekäse, gewürfelt	beigeben, erhitzen, aber nicht mehr kochen lassen
Salz Pfeffer 1 Prise Cayennepfeffer	beigeben
Nudeln Gemüsesauce	mischen, anrichten, sofort servieren

Bunter Spaghetti-Topf 1-318

Gemüsemischung:

200 g Karotten	
200 g Bohnen	in kleine Würfel schneiden
1 Eßlöffel Kochbutter	
1 Zwiebel, gehackt	
1 Knoblauchzehe, gepreßt	in eine Pfanne geben und auf
Gemüsewürfel	schwachem Feuer dämpfen
100 ml Wasser	
1 1/2 Eßlöffel Hildegard-Würze	
1 Messerspitze Quendel	beifügen, Gemüse zugedeckt knapp
1 Messerspitze Ysop	weichkochen
100 ml Weißwein	beifügen, bei offener Pfanne einkochen lassen
250 ml Rahm	beigeben, mischen

Spaghetti:

2,5 Liter Wasser	sieden
25 g Salz	beifügen
250 g Dinkel-Spaghetti	locker dazugeben, aufrühren, abgedeckt kochen lassen; Kochzeit 10–12 Minuten, Wasser abschütten
Spaghetti	
Gemüse	
80 g geriebener Sbrinz	mischen, anrichten

Dinkelnudel-Soufflé

1-313

2 Liter Wasser 20 g Salz	sieden
200 g Dinkel-Eiernudeln	beigeben, »al dente« kochen, Wasser ableeren und abtropfen lassen
20 g Butter	erwärmen
40 g Dinkelweißmehl	beigeben, kurz dünsten
100 ml Weißwein 200 ml Milch	ablöschen, 5 Minuten köcheln lassen
Pfeffer, Muskat, Streuwürze	würzen
Sauce	leicht auskühlen lassen
4 Eigelb 100 g Greyezer, gerieben	mit der Sauce vermischen
4 Eiweiß, steif geschlagen	darunter ziehen
Dinkelnudeln Käsemasse	schichtweise in hohe, gefettete Gratinform füllen

Backen: 190°, 30–40 Minuten, untere Schiene

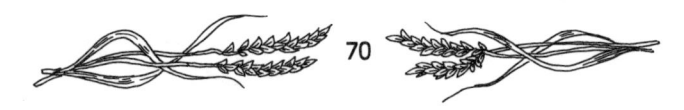

Dinkelnudel-Auflauf

250 Dinkelvollkornnudeln	in Salzwasser »al dente« kochen, abtropfen lassen
1 Eßlöffel Butter	erwärmen
1–2 gehackte Zwiebeln	dämpfen
300 g geschnittenes Gemüse	mitdämpfen, ablöschen
1/2 Eßlöffel Hildegard-Würze etwas Ysop etwas Bertram 2 Eßlöffel Petersilie, gehackt	beigeben
Gemüse	weichkochen
Nudeln Gemüse	mischen, in bebutterte Gratinform einfüllen
2 Eier 1 Becher Sauerrahm (180 g)	verquirlen, darübergießen

Backen: 200°, ca. 25 Minuten, 1. Schiene

Tip
Nach Belieben 2 Eßlöffel Reibkäse unter die Nudeln mischen

Dinkel-Kräuternudel-Gratin 1-128

250 g Kräuternudeln	»al dente« kochen, abtropfen lassen, in beölte Gratinform füllen
Eventuell 50 g geschnittenes Bündnerfleisch	darunter mischen
400 ml Bechamelsauce	darauf verteilen
Mit Tomatenscheiben	belegen
Streuwürze	darauf geben
Mit Käsescheiben	belegen
Salbeistreifen Gehackten Oregano	darauf geben

Backen: 20–25 Minuten bei 220°, 2. Schiene

Quarkauflauf mit Dinkelnudeln 1-135

200 g Dinkelnudeln	in Salzwasser »al dente« kochen, abtropfen lassen
3 Eigelb 1 Eßlöffel Hildegard-Würze 500 g Quark	verrühren
3 Eischnee	darunterziehen
Dinkelnudeln Quarkcreme	abwechslungsweise in gefettete Gratinform füllen
evtl. geriebenen Käse	darauf streuen

Backen: 200°, 30–35 Minuten, 1. Schiene

Dinkelschrotauflauf mit Gemüse

1-122

1/4 Liter Milch	
1/2 Liter Wasser	
150 g Dinkelschrot	aufkochen, 15–20 Minuten quellen
1 Eßlöffel Hildegard-Würze	lassen
1/2 Kaffeelöffel Salz	
1 Messerspitze Bertram	zum Abschmecken
1 gehackte Zwiebel	
1 gehackte Knoblauchzehe	
300 g kleingeschnittene Karotten	dämpfen, ablöschen, würzen, fast
150 g kleingeschnittener Sellerie	weich kochen
Dinkelschrot	
Gemüse	
3 Eigelb	mischen
3 Eischnee	darunter ziehen
Masse	in gefettete Gratinform füllen
Geriebenen Käse	darüberstreuen

Backen: 220°, 30 Minuten, 1. Schiene

Dinkelgrützeauflauf mit Käsekruste

1-123

1 Eßlöffel Butter	erwärmen
1 gehackte Zwiebel	dämpfen
150 g Dinkelgrütze	mitdämpfen
750 ml Wasser	ablöschen
1 Eßlöffel Hildegard-Würze	beigeben
150 g Karotten	in feine Scheiben schneiden, beigeben
1/2 Kaffeelöffel Salz 1 Messerspitze Galgant 1 Messerspitze Bertram	zum Abschmecken, Kochzeit: 20 Minuten
50 g Reibkäse 150 ml Rahm 2 Eßlöffel gehackte Petersilie 2 Eigelb 2 Eischnee	unter leicht ausgekühlte Dinkelgrütze mischen, in gefettete Gratinform füllen
50 g Reibkäse	darauf streuen

Backen: 200°, 15–20 Minuten, 1. Schiene

Dinkelgrützeauflauf mit Fenchel

1-124

2–4 Fenchel	schälen, halbieren, knapp weichsieden
1/2 Eßlöffel Butter	erwärmen
1 Zwiebel, gehackt	dämpfen
200 g Dinkelgrütze	beifügen, mitdünsten
600 ml heißes Wasser	ablöschen
1 Eßlöffel Hildegard-Würze	beifügen
Grütze	10 Minuten köcheln, anschließend etwas quellen lassen
80 g Käse, gerieben 2 Eigelb 1 Messerspitze Mutterkümmel 1 Messerspitze Ysop	beifügen, mischen
2 Eischnee	darunter ziehen
Masse	in bebutterte Gratinform füllen
Gekochte Fenchel	darauf verteilen
Butterflocken **Geriebenen Käse**	darauf streuen

Backen: 200°, 30–35 Minuten, 1. Schiene

Fenchelauflauf

4 Fenchel	schälen, in Streifen schneiden, fast weichkochen, in gefettete Gratinform füllen
2 Eßlöffel Butter	erwärmen
60 g Dinkelvollkornmehl	dämpfen
600 ml Gemüsebrühe oder Milch	ablöschen, Kochzeit: 5 Minuten
Muskat	
Salz	
Streuwürze	
2 Eßlöffel geriebener Käse	
2 Eigelb	darunter mischen
2 Eischnee	darunter ziehen
Sauce	über den Fenchel gießen
1 Eßlöffel Butter 2 Eßlöffel Semmelbrösel	leicht rösten, daraufgeben

Backen: 200°, 25 Minuten, 1. Schiene

Tip
Nach Belieben abwechslungsweise kleingeschnittenes Bündnerfleisch mit dem Fenchel einfüllen

Dinkelgrieß-Schnitten

1-143

1 Liter Milch **1/2 Eßlöffel Salz**	sieden
200 g Dinkelgrieß	einrühren, unter Rühren 5–7 Minuten kochen
Grießbrei	von der Platte nehmen
2 Eier	beigeben, gut mischen
Brei	in ausgespülte Form füllen oder auf abgespültes Brett etwa 1,5 cm dick ausstreichen, erkalten lassen, in Scheiben schneiden
1 Ei	verrühren
Schnitten	darin wenden, backen

Tip
- Für gesüßte Grieß-Schnitten 1/4 Eßlöffel Salz und 1 Eßlöffel Vollrohrzucker in die Milch geben
- Nach dem Backen mit Vollrohrzucker oder mit Zimt-Vollrohrzucker bestreuen

Dinkelgrieß-Klöße

1 Liter Milch **1 1/2 Kaffeelöffel Salz**	zum Kochen bringen
220 g Grieß	einrühren, zu festem Brei kochen, etwas auskühlen lassen
3 Eier	gut darunter mengen
2 Liter Wasser	zum Sieden bringen
2 gestrichene Eßlöffel Salz	beifügen
Grießbrei	in Spritzsack füllen, Tülle 8 mm, kurze Würstchen ins Wasser schneiden, ca. 5 Minuten ziehen lassen, anrichten
mit geriebenem Käse	überstreuen
Beilage: **Salat oder Kompott**	

Pikante Dinkelschrot-Schnitten

1-149

1/2 l Wasser 1/2 l Milch 1/2 Eßlöffel Salz	sieden
150 g Dinkelschrot 50 g Dinkelgrieß	einrühren, 5 Minuten kochen, dann etwa 20 Minuten quellen lassen
1 Kaffeelöffel Mutterkümmel 50 g geriebener Käse 2 Eier 1 Messerspitze Paprika	zufügen, mischen, 1,5 cm dick auf abgespültes Küchenbrett ausstreichen, erkalten lassen, in Rechtecke schneiden
Schnitten	langsam anbraten

Süße Dinkelschrotschnitten:

Statt Gewürze und Käse
1 Prise Salz
50 g gehackte Mandeln
2 Eßlöffel Honig oder Birnendicksaft

Tip
Brei in kalt ausgespülte Kuchenform füllen, glattstreichen, 5–6 Stunden kaltstellen, stürzen. Stollen in 1,5 cm dicke Schnitten schneiden, anbraten.

Dinkelbacklinge

50 g Dinkelflocken 150 g feiner Dinkelschrot 500 ml Wasser	unter Rühren aufkochen
1 gestrichener Kaffeelöffel Hildegarde-Würze 1/4 Kaffeelöffel Salz	beigeben
Brei	10 Minuten kochen lassen, 10 Minuten nachquellen
Brei	auskühlen lassen
2 Eier 80 g geriebener Käse 5–6 Eßlöffel feine Dinkelflocken oder 4 Eßlöffel Dinkelweißmehl 1 Messerspitze Kümmel Gewürz	beigeben, alles gut mischen, Brei nochmals etwas stehen lassen
Teig	zu Plätzchen formen
in Sesam oder gemahlenen Mandeln	wenden, langsam anbraten, bis sie knusprig sind

Tip
Wenn der Teig zu feucht ist, kann man ihn löffelweise abstechen und in der Pfanne runde Plätzchen formen.

Dinkelküchlein

1 Eßlöffel Butter	erwärmen
1 Zwiebel, in Würfel geschnitten	dämpfen
250 g Dinkelschrot einige Rosmarinnadeln, zerkleinert	beigeben, dämpfen
500 ml Wasser 1 Eßlöffel Hildegard-Würze	beigeben, aufkochen, dann 20 Minuten quellen lassen
100 g Mandeln, gehackt, evtl. geröstet 2 Eier	beigeben, gut mischen
eventuell etwas Meersalz	zum Abschmecken
Masse	zu kleinen Küchlein formen
in Butter	goldgelb backen

Dinkelgrütze-Plätzchen 1-310

1 Eßlöffel Butter	erwärmen
1 Zwiebel, fein gehackt	dämpfen
200 g Dinkelgrütze	mitdämpfen
600 ml Wasser 1/2 Eßlöffel Hildegard-Würze	beigeben, 20 Minuten auf kleinem Feuer kochen, vom Feuer nehmen
2 Eier 2 Eßlöffel Dinkelvollkornmehl	beigeben, gut vermischen
Grütze	etwas auskühlen lassen
1 Bund Schnittlauch, geschnitten 50 g Sbrinz, gerieben	dazugeben, gut mischen, kleine Plätzchen formen
Butter	erwärmen
Plätzchen	beidseitig knusprig backen

Dinkelflocken-Küchlein

150 g Karotten 150 g Sellerie 50 g Bohnen	in Würfel schneiden
30 g Butter	erwärmen
30 g Gemüse	beigeben, dämpfen
200 ml Wasser 1 Kaffeelöffel Hildegard-Würze 1 Prise Pfeffer	beigeben, Kochzeit ca. 10 Minuten
150 g Dinkelflocken	daruntermischen, auskühlen lassen
3 Eier	beigeben
Flockenbrei	stehenlassen, bis alle Feuchtigkeit aufgezogen ist
2 Eßlöffel gehackte Kräuter, Petersilie, Schnittlauch, Kerbel	beimischen, eventuell nachwürzen
Butter	erwärmen
Masse	löffelweise beigeben, flachdrücken, beidseitig goldgelb braten

Kichererbsen im Dinkelflockenmantel

1-387

100 g Kichererbsen 1/2 l Wasser, lauwarm	über Nacht einweichen
eingeweichte Kichererbsen	10 Minuten im Dampfkochtopf sieden, abtropfen lassen, leicht zerdrücken
weichgekochte Kichererbsen 200 g Dinkelflocken 2 Eier 100 g Magerquark 100 ml Milch 1 Eßlöffel Hildegard-Würze 1/2 Kaffeelöffel Salz Muskat Mutterkümmel	mischen, 2–3 Stunden ziehen lassen
Bratbutter	in der Bratpfanne erhitzen
Masse	zu »Beefsteaks« formen, beidseitig goldgelb braten

Tip
»Beefsteaks« mit kleingeschnittenem Bündnerfleisch, geraffelten Karotten oder (und) mit gehackter Petersilie anreichern.

Dinkel-Rösti

1-304

300 g Schalenkartoffeln vom Vortag	schälen, mit Röstireibe raffeln
1 1/2 Eßlöffel Butter	erwärmen
1 Zwiebel, gehackt	kurz dämpfen
Kartoffeln	beigeben, auf kleinem Feuer hellbraun backen
1/2 Kaffeelöffel Salz 1/2 Kaffeelöffel Hildegard-Würze	würzen
200 g Dinkelkörner, weichgekocht 2 Eßlöffel Petersilie, gehackt etwas Salbei, Basilikum, Dill, gehackt 1 Knoblauchzehe, gepreßt	beigeben, mischen
1 Ei 50 g Sbrinz, gerieben	beigeben, mischen (flachdrücken, so daß eine runde, kompakte Form entsteht), zugedeckt auf mittlerem Feuer backen, bis eine Kruste entsteht
Dinkel-Rösti	auf vorgewärmte Platte stürzen

Kräuteromelett 1-300

100 g Dinkelweißmehl	in eine Schüssel sieben
400 ml Mineralwasser, natur	
4 Eier	beigeben, tüchtig verrühren
2 Eßlöffel Petersilie, gehackt	
2 Eßlöffel Schnittlauch, geschnitten	
1 Eßlöffel Kerbel, gehackt	
1 Kaffeelöffel Salz	
Pfeffer, Muskat	darunter mischen
In wenig Bratbutter	8 dünne Omelette backen

Omelett mit Kernotto 1-385

1 Liter Wasser	
1 Eßlöffel Salz	sieden
200 g Kernotto	beigeben, 10 Minuten köcheln lassen, etwa 20 Minuten ziehen lassen, Wasser abschütten
1 Eßlöffel Hildegard-Würze	
1 Eßlöffel Petersilie, gehackt	
2 Eßlöffel Käse, gerieben	
3 Eßlöffel Dinkelvollkornmehl	zum Kernotto geben
3 Eier	verquirlen
300 ml Mineralwasser natur	beigeben, verrühren, zum Kernotto geben
Bratbutter	erwärmen
Omelett	bei mäßiger Hitze goldgelb backen

Kürbispfannkuchen

200 g feinen Dinkelschrot
2 Eßlöffel Rahm
2 Kaffeelöffel Salz
4 Eier   in eine Schüssel geben

250 g Kürbis   fein raffeln, beigeben

2 Eßlöffel Sonnenblumenkerne
1 Messerspitze Ysop
1 Messerspitze Bertram
1 Messerspitze Quendel
1 Messerspitze Fenchel   dazugeben, alle Zutaten gut
1 Messerspitze Galgant   vermischen

In erwärmter Butter   5–6 Pfannkuchen backen

Beilage:

Blatt- oder Wurzelsalat

Dinkelcrêpes mit Kräutersauce 1-386

120 g Dinkelvollkornmehl	in eine Schüssel geben
200 ml Milch **4 Eier** **1 Kaffeelöffel Salz** **1 Messerspitze Pfeffer** **1 Messerspitze Muskat**	beigeben, Teig glattrühren, 1 Stunde zugedeckt ruhen lassen
Bratbutter	erwärmen
Crêpes	ausbacken, überschlagen, anrichten

Bunte Kräutersauce darübergießen

Tip
Sellerie, Karotten, Fenchel in Würfel schneiden. In wenig Flüssigkeit weichdämpfen, würzen. 2–3 Eßlöffel Rahm beifügen. Gemüse auf die gebackenen Crêpes verteilen, Crêpes aufrollen.

Dinkelblinis

1-383

20 g Hefe, zerbröckelt 160 ml Milch, lauwarm	auflösen
100 g sauren Halbrahm 1 Kaffeelöffel Vollrohrzucker 2 Eigelb 1/2 Kaffeelöffel Salz	zugeben
200 g Dinkelvollkornmehl	beigeben, zu einem glatten Teig verarbeiten; zugedeckt 20 Minuten gehen lassen
2 Eiweiß 1 Prise Salz	steifschlagen
1 Kaffeelöffel Vollrohrzucker	dazu geben
Eischnee Hefeteig	sorgfältig mischen
ca. 12 Blinis	in ausgebuttertes Pfännchen (⌀ 8 cm) geben, ausbacken

Tip
- Blinis sofort nach dem Backen und nicht zugedeckt servieren
- Dazu paßt Kräuterrahm

Gemüsestrudel mit Kräutersauce

1-382

1 Eßlöffel Butter	erwärmen
100 g Karottenwürfel 100 g Selleriewürfel 50 g Fenchelwürfel 100 g Bohnen, gewürfelt	dämpfen

(Fortsetzung nächste Seite)

mit 250 ml Gemüsebouillon	ablöschen, eventuell nachwürzen
Gemüse	knapp weichkochen, zum Abtropfen und Auskühlen auf ein Sieb geben
Gemüsebrühe	auffangen

Füllung:

1 Eigelb, 1 Ei	schaumig rühren
40 g Butter, flüssig 150 g Speisequark	nach und nach beigeben, gut rühren
80 g Dinkelflocken 2 Eßlöffel Kerbel, gehackt 2 Eßlöffel Petersilie, gehackt 30 g Kürbiskerne Salz, Pfeffer, Muskat	beigeben, 1/2 Stunde quellen lassen
Gemüsewürfel	beigeben, mischen
Strudelteig	zu einem großen Rechteck auswellen und ausziehen
Füllung	auf das vordere Drittel des Teiges als Streifen anhäufen
Teig	einmal überschlagen
mit flüssiger Butter	bestreichen, weiter aufrollen und immer wieder bestreichen, bis der Strudel fertig aufgerollt ist
seitliche Teigenden	zum Verschließen unter den Strudel legen
Strudel	auf Backblech legen
1 Eigelb, 1 Eßlöffel Rahm	mischen, Strudel damit bestreichen
2 Eßlöffel Sesamkörner	darüber streuen

Backen: 200°, ca. 25 Minuten, 2. Schiene

Tip: Kräutersauce dazu servieren

Dinkelgrießbrei 1-159

1 Liter Milch 2 Eßlöffel Vollrohrzucker 20 g Butter 1 Prise Salz	aufkochen
100 g Dinkelgrieß	unter Rühren einlaufen lassen, bei kleiner Hitze zu dickflüssigem Brei einkochen lassen, anrichten
1 Eßlöffel Vollrohrzucker 1/2 Kaffeelöffel Zimt	mischen, darüber streuen

Dinkelreisbrei 1-160

1/2 Liter Wasser 30 g Vollrohrzucker 1/3 Kaffeelöffel Salz 1/2 Kaffeelöffel Vanille 1 Eßlöffel Butter	zum Kochen bringen
250 g Kernotto	einrühren, auf kleiner Flamme unter gelegentlichem Rühren weichkochen. Kochzeit ca. 50 Minuten

Beilage:

Kirschen- oder Birnenkompott, oder

Himbeersauce:

500 g Himbeeren 50 g Vollrohrzucker Saft von 1 Orange 2 Eßlöffel Grand-Marnier	mixen und eventuell durch ein Sieb streichen, damit die Körnchen zurückbleiben

Süßer Dinkelreis 1-397

700 ml Milch oder Wasser	sieden
200 g Kernotto	beifügen, 10 Minuten köcheln lassen, etwa 20 Minuten quellen lassen
übrige Flüssigkeit	abgießen
Kernotto	erkalten lassen
1 Prise Salz 1 Zitronenschale, abgerieben 1–2 Eßlöffel Honig oder Ahornsirup	beigeben, mischen
150 ml Rahm, leicht geschlagen	darunter ziehen
Dinkelreis	anrichten
1 Eßlöffel Vollrohrzucker 2 Messerspitzen Zimt	mischen, darüber streuen

Tip: Kann auch warm serviert werden

Dinkelbrei – warm oder kalt 1-175

1 Liter Milch, 1 Prise Salz	sieden
60 g Dinkelschrot 60 g Dinkelgrieß	einrühren, Kochzeit: 10 Minuten
2 Eßlöffel Birnendicksaft 2 Eßlöffel Sultaninen 1/4 Kaffeelöffel Zimt 1 Messerspitze Vanille 1 Messerspitze Galgant	beigeben und durchrühren
Beilage: Vanillesauce oder Früchtekompott	

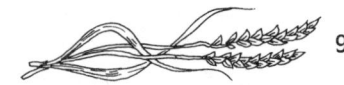

Dinkelgrütze

1-176

160 g Dinkelgrütze 200 ml kaltes Wasser	3 Stunden quellen lassen
800 ml Milch 1 gestrichener Kaffeelöffel Salz Grütze	25–30 Minuten kochen oder 10 Minuten kochen, 30 Minuten quellen lassen
200 ml Rahm 2 Eßlöffel Vollrohrzucker	mischen, dazu servieren
oder	
2 Eßlöffel Vollrohrzucker 1/2 Kaffeelöffel Zimt	mischen, darüber streuen

Kernotto-Plätzchen

1-161

100 g Dinkel-Kernotto	weichsieden, ca. 20 Minuten
4 Eigelb 4 Eßlöffel Öl 1 Prise Salz	schaumig rühren
1/3 Kaffeelöffel Zimt 2 Eßlöffel Vollrohrzucker 2 Eßlöffel geriebene Mandeln 2 geriebene Äpfel gekochter Kernotto	darunter mischen
4 Eischnee	darunter ziehen
Butter	erwärmen
Masse	löffelweise beigeben und beidseitig anbraten

Feines Omelett

1-158

40 g Dinkelweißmehl 1/2 Kaffeelöffel Salz 2 Eßlöffel Vollrohrzucker 200 ml Mineralwasser natur 8 Eigelb	gut vermischen
8 Eiweiß	schaumig rühren, darunter ziehen
in Bratbutter	ca. 8 Omeletts backen
500 g Himbeeren	leicht zerdrücken, eventuell süßen, auf die Omelette verteilen, einrollen

Omelett mit Dinkelgrieß

1-418

160 g Dinkelgrieß 700 ml Milch	in eine Schüssel geben, 1 Stunde quellen lassen
100 g Dinkelweißmehl 5 Eigelb 1/2 Kaffeelöffel Salz	beigeben, gut mischen
5 Eischnee	darunter ziehen
Butter	erwärmen
Omelett	goldgelb backen
Mit Zimt und Vollrohrzucker	bestreuen
oder mit Konfitüre	bestreichen, rollen

Tip
- Apfelomelett: 4–5 geschälte Äpfel in Scheiben schneiden, unter den Teig mischen
- Käseomelett: Käsewürfel unter den Teig mischen oder Fonduekäse auf die gebackenen Omelette legen, einrollen

Dinkelzwiebackauflauf mit Apfelmus

1-316

160 g Dinkelzwieback	
400 g Apfelmus	in gefettete Gratinform schichten
2 Eßlöffel Rosinen	(unten und oben eine Lage Zwieback)
Guß:	
2 Eier	
1/2 l Milch	
2 Eßlöffel Bienenhonig	
1 Zitrone, Schale	
1/4 Kaffeelöffel Zimt	mischen, darüber gießen
einige Butterflocken	darauf verteilen

Backen: 200°, ca. 30 Minuten, 1. Schiene

Tip
Sollte der Zwieback oben zu dunkel werden, Form mit Alufolie abdecken

Dinkelschrotgratin mit Früchten

1-129

50 g Dinkelkörner	waschen, über Nacht einweichen. Am Morgen 20 Minuten kochen und eine Stunde quellen lassen
1/2 Liter Milch 1/2 Liter Wasser	sieden
250 g Dinkelschrot	einrühren, kochen, bis ein fester Teig entsteht
Schrotbrei Dinkelkörner 2 Eßlöffel Vollrohrzucker 1 Kaffeelöffel Zimt 2 Prisen Salz 1 Zitrone, Schale und Saft	mischen
Die Hälfte der Masse	in gefettete Gratinform geben
1 Lage Früchte, ca. 500 g (z. B. Johannisbeeren, Kompottbirnen) (eventuell etwas Vollrohrzucker)	daraufgeben
Restliche Masse	darauf verteilen

Backen: 200°, ca. 25 Minuten, 2. Schiene

Dinkelschrotauflauf mit Quark 1-131

1/2 l Milch	10 Minuten kochen, dann 20 Minuten
120 g Dinkelschrot	quellen lassen
200 g Quark	
5 Eßlöffel Milch	
1 Prise Salz	
2 Eigelb	
2–3 Eßlöffel Honig oder Birnendicksaft	mischen
Gekochten Dinkelschrot	
100 g Sultaninen	
1 Zitrone, Schale und Saft	beifügen
2 Eischnee	darunter ziehen
Masse	in ausgebutterte Gratinform füllen

Backen: 180°, ca. 30 Minuten, 1. Schiene

Tip
Man kann lagenweise vorbereitete Früchte mit einfüllen. Backzeit um 5 Minuten verlängern

Dinkelgrießauflauf meringuiert

3/4 Liter Milch	
1/2 Vanillestange	sieden
3 Eßlöffel Vollrohrzucker	mischen, einrühren, zu einem dicken
120 g Dinkelgrieß	Brei kochen
1 Prise Salz	
3 Eigelb	
1/2 Kaffeelöffel Zimt	
1 Zitronenschale	unter den heißen Brei rühren
500 g Äpfel	schälen, in Scheiben schneiden
1 Eßlöffel Butter	erwärmen
Apfelscheiben	
1/2 Eßlöffel Vollrohrzucker	beigeben, zugedeckt halbweich
3–4 Eßlöffel Süßmost	dämpfen
Brei	lagenweise in gefettete Auflaufform
Apfelscheiben	füllen. Letzte Lage Brei.
3 Eiweiß	sehr steif schlagen
30 g Vollrohrzucker	darunter schlagen
30 g Vollrohrzucker	darunter ziehen
Eiweißmasse	darauf geben

Backen: 170°, ca. 30 Minuten, unterste Schiene

Grießwürfel-Auflauf

250 ml Wasser
1/2 l Milch
1/2 Kaffeelöffel Salz
1 Eßlöffel Vollrohrzucker sieden

180 g Dinkelgrieß einrühren, zu dickem Brei kochen

1–2 Eier beigeben, gut vermischen

Grießbrei auf abgespültes Blech streichen, erkalten lassen, in Würfel schneiden

Grießwürfel in gefettete Gratinform geben

Eierguß beigeben

Backen: 200°, 30–40 Minuten, 1. Schiene

Eierguß:

3 Eier verquirlen

200 ml Rahm oder Milch
2 Eßlöffel Vollrohrzucker
1 Löffelspitze Vanille beigeben, gut vermischen

Tip
Vollrohrzucker und Vanille weglassen, dafür mit Salz, Muskat und wenig Pfeffer würzen; Eierguß mit 50 g Reibekäse anreichern

Quarkauflauf mit Saisonobst

4 Eigelb 100 g Vollrohrzucker	schaumig rühren
80 g weiche Butter 50 g Dinkelgrieß	beifügen, mitrühren
500 g Magerquark 3 Eßlöffel Zitronensaft 1 gestrichener Eßlöffel Backpulver	beigeben, gut verrühren
4–5 große, kleingeschnittene Äpfel oder andere Früchte	unter den Brei mischen
4 Eischnee	darunter ziehen
Masse	in gefettete Gratinform füllen
Gehackte Mandeln	darüber streuen

Backen: 180°, 60 Minuten, 1. Schiene

Quarkauflauf mit Dörrobstfrüchten

400 ml Milch 200 g Dinkelschrot	aufkochen und 4 Stunden nachquellen lassen
200 g Dörrfrüchte (Äpfel, Birnen, Aprikosen)	4 Stunden einweichen (mit Wasser decken)
Ausgekühlter Dinkelschrotbrei 1 Prise Meersalz 200 g Rahmquark 3 Eigelb 1 Zitrone (geriebene Schale) 2–3 Eßlöffel Birnendicksaft oder Vollrohrzucker	mischen
3 Eischnee	darunter ziehen
Die Hälfte der Dinkelmasse	in gefettete Auflaufform füllen
Abgetropfte Dörrfrüchte	zerschneiden, darauf verteilen
Rest der Dinkelmasse	darüber verteilen
Einige Butterflocken	darüber verteilen

Backen: 190°, ca. 30 Minuten, 2. Schiene

Nußauflauf mit Äpfeln

1-138

4–6 mittelgroße, weiche Äpfel	schälen, aushöhlen
Mit Sultaninen	füllen
4 Eigelb 100 g Rohrzucker 4 Eßlöffel heißes Wasser	schaumig rühren
100 g gemahlene Mandeln 60 g Dinkelschrot 1 Prise Salz 1 Messerspitze Vanille 1 Eßlöffel Rum	beigeben, gut mischen
4 Eischnee	darunterziehen
Die Masse	in gefettete Gratinform geben
Die Äpfel	einsetzen

Backen: 175°, ca. 40 Minuten, 2. Schiene

Beilage:

Vanillesauce

Tip
Harte Äpfel zuerst in Zuckerwasser halbweich kochen

Dinkelvollkorn-Dampfnudeln 1-139

500 g Dinkelvollkornmehl	in eine Schüssel geben, Kranz bilden
20 g Hefe 250 ml lauwarme Milch	auflösen, in den Mehlkreis geben, mit wenig Mehl einen Vorteig machen, 15 Minuten gehen lassen
2 Eier 90 g Vollrohrzucker 1 Kaffeelöffel Vanille 1 Prise Salz	schaumig rühren, beigeben
1 abgeriebene Zitronenschale 90 g geschmolzene Butter	dazu geben, kneten, bis sich der Teig von der Schüssel löst, zugedeckt 20 Minuten gehen lassen
250 ml Milch 60 g Butter 40 g Vollrohrzucker	in der gefetteten Gratinform erwärmen
Teig	zu Kugeln formen, in die Form setzen, gehen lassen

Backen:
Auf dem Herd, zugedeckt bei schwacher Hitze,
im Ofen 190°, 30–35 Minuten, 1. Schiene

Tip
Mit Vanillesauce und Früchtekompott servieren

Grundrezept für ganze Dinkelkörner

1-165

2 Tassen Dinkelkörner	waschen, oben aufschwimmende Spelzen entfernen
4 Tassen kaltes Wasser	beigeben
Körner	über Nacht einweichen
Besteckte Zwiebel 1 Kaffeelöffel Meersalz	beigeben
Körner	je nach Wunsch 10–30 Minuten weich kochen, nachquellen lassen

Tip
Jeder Blattsalat, alle Wurzelsalate, sowie Gurken- und Tomatensalat können mit ganzen, weichgekochten Dinkelkörnern bereichert werden

Dinkelkörnersalat

1-166

3 Eßlöffel Speisequark 1 Eßlöffel Mandelpüree 1/2 Kaffeelöffel Hildegard-Würze 1 Messerspitze Ysop 1 Messerspitze Meersalz 2 Eßlöffel Weinessig	gut sämig rühren
2 Tassen gekochte Dinkelkörner	beifügen, mindestens 1 Stunde ziehen lassen

Dinkelkörnersalat mit Kräutern 1-168

200 g weichgekochte Dinkelkörner 100 g Tilsiterwürfel 2 hartgekochte, kleingeschnittene Eier 1 Eßlöffel Schnittlauch 1 Eßlöffel Petersilie Etwas Dill und Liebstöckel	sorgfältig mit der Sauce vermischen, nach Belieben auf Kopfsalatblätter anrichten

Quarksauce:

Etwas Salz Streuwürze 2 Eßlöffel Zitronensaft 1/2 Kaffeelöffel Senf	gut rühren, bis sich die Gewürze gelöst haben
4 Eßlöffel Rahm 4 Eßlöffel Quark	zugeben, gut verrühren

Würziger Dinkelkörnersalat 1-169

150 g Dinkelkörner	8 Stunden einweichen, 10 Minuten kochen lassen, 1 Stunde nachquellen lassen
2 Birnen	weichkochen, in Würfel schneiden
100 g Weichkäse 1/2 Joghurt natur 1 Prise Salz 1 Prise Zucker 1 Messerspitze Bertram	verrühren
Dinkelkörner Birnenwürfel	beigeben, gut durchziehen lassen

Körnersalat im »roten Mantel«

50 g Dinkelkörner 500 ml Wasser	über Nacht einweichen, dann 20 Minuten kochen, nochmals einige Stunden quellen lassen
3 Eßlöffel Rahmquark 1 Eßlöffel Zitronensaft 1 Eßlöffel Schnittlauch 2 Salbeiblätter	gut vermischen
50 g Weichkäse	in Würfel schneiden
Dinkelkörner Käsewürfel	in die Quarksauce geben, mischen
8 Tomaten	aushöhlen, würzen
Salat	einfüllen
mit Petersilie	garnieren

Tip
Salat auf kleine Kopfsalatblätter anrichten

Bunter Kopfsalat 1-167

1/2 Kopfsalat 3 Radieschen 1 Karotte	waschen, zerkleinern
Küchenkräuter evtl. 2–3 Akeleiblätter (grün)	verwiegen
Salatsauce:	
1 Prise Salz 1 Prise Vollrohrzucker evtl. 1 Kaffeelöffel Senf 4 Eßlöffel Weinessig	gut verrühren
2 Eßlöffel Sonnenblumenöl 4 Eßlöffel Quark	beigeben, zu einer sämigen Sauce rühren
Radieschen, Karotten Küchenkräuter 1 Tasse weichgekochte Dinkelkörner	in die Sauce geben, mehrere Stunden durchziehen lassen
Kopfsalat	vor dem Servieren sorgfältig daruntermischen

Kräuterrahm 1-413

200 ml sauren Halbrahm Salz, Pfeffer 1 Kaffeelöffel Kerbel, gehackt 1 Kaffeelöffel Estragon, gehackt 2 Eßlöffel Petersilie, gehackt 2 Eßlöffel Schnittlauch, gehackt 2 Eßlöffel Zwiebeln, gehackt	mischen und zu den Dinkelblinis servieren

Schnittlauchsauce

1 Eßlöffel Butter	erwärmen
30 g Dinkelweißmehl	dämpfen
1/2 l Wasser	ablöschen, 10 Minuten leicht köcheln lassen
1/2 Kaffeelöffel Salz 1/2 Kaffeelöffel Essig 1 Prise Vollrohrzucker Streuwürze	beigeben, vermischen
2 Eßlöffel sauren Rahm 2 Eßlöffel Schnittlauch Etwas Petersilie	vor dem Servieren beigeben

Tip
Diese Sauce paßt gut zu den verschiedenen Dinkelküchlein

Zwiebelsauce 1-171

30 g Butter	erwärmen
1 Kaffeelöffel Zucker	hellgelb rösten
4 kleingeschnittene Zwiebeln	beigeben, leicht bräunen
Zwiebeln	herausnehmen
50 g Dinkelweißmehl	hellbraun rösten
800 ml Wasser	unter Rühren zufügen
Zwiebeln	wieder beigeben
1 Kaffeelöffel Salz Gewürze 1 Eßlöffel Rotwein	zum Abschmecken, Kochzeit: 20–30 Minuten

Tip
Zwiebelsauce zu Dinkelschrot-Küchlein servieren

Bunte Kräutersauce 1-415

180 g sauren Halbrahm	in eine Pfanne geben
2 Eßlöffel gehackte Kräuter (Petersilie, Schnittlauch, Estragon, Kerbel) 1 kleine Zwiebel, feingehackt 1 Eßlöffel rote Peperoni, klein- würfelig 2 Prisen Salz	beigeben, erwärmen, anrichten

Rindfleischsauce

2 Eßlöffel Sonnenblumenöl	im Brattopf erhitzen
250 g Rindfleisch, fein gehackt	allseitig gut anbraten, etwas zusammenschieben
1 Zwiebel, gehackt 1 Knoblauchzehe, gepreßt 20 g getrocknete Steinpilze oder Herbsttrompeten, kurz eingeweicht, abgetropft, zerschnitten	beigeben, kurz andämpfen
1 kleiner Sellerie, feingewürfelt 1 Karotte, feingewürfelt 1 Bund Petersilie, feingehackt Etwas Rosmarin, Oregano, Basilikum, feingehackt	beigeben, mitdämpfen
1 Eßlöffel Tomatenpüree	beigeben
100 ml Rotwein	ablöschen, 3/4 einkochen lassen
400 ml Wasser	ablöschen
1 Eßlöffel Hildegard-Würze 1 Kaffeelöffel Meersalz	beigeben, auf kleinem Feuer 45–60 Minuten köcheln lassen
Wasser	nach Bedarf nachgeben

Tip
- Sauce zu Teigwaren, Knöpfle oder Kernotto servieren
- 150 g Rindfleisch zubereiten, zum Gemüse noch 50 g Dinkelgrütze mitdämpfen

Gratinsauce 1-420

1 Eßlöffel Butter	erwärmen
2 Eßlöffel Dinkelweißmehl	beigeben, kurz dünsten
200 ml Kochflüssigkeit	beigeben, glatt rühren, unter Rühren 2–3 Minuten köcheln lassen
Sauce	vom Herd nehmen
1 Becher saurer Halbrahm (180 g)	beigeben, glatt rühren
Etwas Dill, gehackt 1 Bund Schnittlauch, geschnitten 1 Messerspitze Muskat 1 Eßlöffel Hildegard-Würze	beigeben

Tip: – Die Sauce kann für alle Gemüsegratins (Fenchel, Kürbis, Sellerie etc.) verwendet werden
– Je nach Belieben mit geriebenem Käse (Greyerzer, Appenzeller, Raclette oder Sbrinz) anreichern

Rotweinsauce (süß) 1-421

150 ml Wasser 50–60 g Vollrohrzucker 1 Kaffeelöffel Zitronensaft 1 kleines Stück Zimtstengel 1 kleine Gewürznelke	10 Minuten köcheln lassen, absieben
Flüssigkeit	in die Pfanne zurückgeben
2 Eßlöffel Dinkelweißmehl 250 ml Rotwein	in einer Schüssel miteinander glattrühren, unter Rühren einlaufen lassen
Sauce	4–5 Minuten köcheln lassen, gelegentlich rühren

Tip: Sauce zu Puddings und Grieß-Schnitten servieren

Obstsalat mit Dinkelkörnern 1-172

100 g Dinkelkörner	gut waschen
1/2 Liter Wasser	beigeben, 6–8 Stunden einweichen
1/4 Kaffeelöffel Salz	beigeben, 10–20 Minuten kochen, anschließend 10 Minuten quellen lassen
2 Äpfel 2 Orangen 1 Banane	schälen, in Scheiben schneiden, beigeben
1 Zitronenschale 1 Eßlöffel Zitronensaft 2 Eßlöffel Birnendicksaft 100 g gewaschene Rosinen 50 g gehackte Mandeln 1 Messerspitze Vanille	beigeben, mischen, etwa 1 Stunde zugedeckt ziehen lassen

Frischkornmüesli 1-174

100 g Dinkelschrot	in eine Schüssel geben
300 ml siedende Milch oder siedendes Wasser	dazugeben, umrühren, 1 Stunde quellen lassen
3 Eßlöffel Sultaninen	in etwas Wasser 1 Stunde einweichen
3 Eßlöffel gehackte Mandeln Eingew. Sultaninen 5–6 Eßlöffel Rahm oder Sauerrahm 1–2 Eßlöffel Birnendicksaft 1–2 Eßlöffel Zitronensaft	beigeben, vermischen
5–6 Äpfel	hineinreiben
Mit verschiedenen Früchten	bereichern

Fruchtmüesli mit Dinkelflocken

100 g Dinkelflocken	in eine Schüssel geben
300 ml siedendes Wasser	darübergießen, zugedeckt 1 Stunde quellen lassen
2 Äpfel **Verschiedene Früchte**	in Würfel schneiden, beigeben
2–3 Eßlöffel Rosinen **4 Eßlöffel gehackte Mandeln** **1–2 Eßlöffel Vollrohrzucker oder Ahornsirup** **1 Prise Salz** **1/2 Zitronenschale und -saft**	beigeben, mischen, etwas ziehen lassen
150 g Quark **100 ml Rahm, evtl. geschlagen**	beigeben, mischen, anrichten
Mit Früchten	garnieren

Schrotmüesli

150 g Dinkelkörner	am Vorabend zu Schrot vermahlen
150 ml Wasser	beigeben, umrühren und bei Zimmertemperatur quellen lassen
60 g Trockenfrüchte	kleinschneiden, getrennt vom Schrot einweichen
Dinkelschrot Trockenfrüchte Einweichwasser 4–6 Eßlöffel Zitronensaft	am Morgen vermischen
1–2 Eßlöffel Honig 4 Eßlöffel Rahm oder 1 Banane, sämiggeschlagen	beigeben
400 g Äpfel oder 400 g Saisonfrüchte	fein schneiden, darunter mischen
Frischkornmüesli	anrichten
40 g gemahlene Mandeln	darauf streuen

Tip
- Anstelle von Schrot Dinkelflocken verwenden! Flocken müssen nicht im voraus eingeweicht werden
- Die Hälfte der Äpfel mit der Bircherraffel ins Müesli reiben

Frühstücksmüesli

1-393

1 Joghurt natur 100 ml Milch 2 Eßlöffel Wasser 1 Eßlöffel Dinkelvollkornmehl	verrühren
16 gedörrte Aprikosen oder 12 Datteln	klein schneiden, beigeben, über Nacht im Kühlschrank quellen lassen
4 Äpfel	in Scheiben schneiden oder reiben, beigeben
4 Eßlöffel Dinkelflocken oder 4 Eßlöffel Dinkelvollwert-Müesli	vor dem Essen dem Müesli beigeben

Dinkelflockenmüesli kalorienarm

1-394

250 g Magerquark 2 Eßlöffel Sonnenblumenöl 100 ml Milch, lauwarm 2 Eßlöffel Vollrohrzucker	ca. 1 Minute lang mixen
2 Eßlöffel Zitronensaft	beifügen
4 Äpfel Beliebige Früchte	kleinschneiden, beigeben
50 –100 g Dinkelflocken	beigeben, mischen, anrichten

Tip
Müesli mit 2–3 geraffelten Karotten anreichern

Dinkelflockenmüesli mit Fruchtsaft

1-396

100 g Dinkelflocken Saft von 3 Orangen (150 ml) 2 Eßlöffel Vollrohrzucker 300 g Rahmquark	mischen
3 Orangen	in Scheiben schneiden, beigeben

Joghurt-Kaltschale

1-179

2 Joghurt natur 2–3 Eßlöffel Vollrohrzucker 1 Zitrone, Schale und Saft	mischen
50 g Dinkelflockenmüesli	beifügen
Saisonfrüchte	klein schneiden, beigeben, sofort mischen
Früchte Schlagrahm	zum Garnieren

Rohkosttorte

Springformrand Durchmesser 22 cm	auf Tortenplatte stellen
30 g feine Dinkelflocken	hineingeben, verteilen
Apfelfüllung	einfüllen, flachstreichen
Springformrand	sorgfältig wegnehmen
Mit Schlagrahm	die Torte bestreichen
Mit Früchten	garnieren

Apfelfüllung:

2 Eßlöffel Vollrohrzucker **Schale von 1 Zitrone** **20–30 g feine Dinkelflocken** **2 Eßlöffel grob gehackte Mandeln**	mischen
1 kg Äpfel	hineinreiben, oft umrühren
Saisonfrüchte **1 Eßlöffel Sultaninen**	nach Belieben beigeben

Dinkelmus zum Frühstück 1-173

800 ml Wasser	sieden
80 g Dinkelschrot oder Dinkelflocken	einrühren, 5 Minuten kochen lassen
2 geschälte Äpfel	in feine Scheiben schneiden
Apfelscheiben 1 Messerspitze Galgant 1 Messerspitze Bertram 3 Messerspitzen Zimt 1–2 Eßlöffel Honig	beigeben, bei kleiner Hitze 10 Minuten quellen lassen
evtl. etwas Zitronensaft	beimischen, anrichten
1 Eßlöffel Flohsamen oder 1 Eßlöffel gehackte Mandeln	darauf streuen
oder	
1 Eßlöffel Vollrohrzucker 2 Messerspitzen Zimt	mischen, darauf streuen

Apfelquarkcreme

1-180

40 g Dinkelvollkornmehl 400 ml Milch	in die Pfanne geben, unter Rühren 2 Minuten kochen lassen
2 Eier 4 Eßlöffel Vollrohrzucker 1 Prise Salz 100 ml Milch	gut vermischen, unter Rühren bei- geben, kurz aufkochen, anrichten
Creme	erkalten lassen
250 g Quark 1 Eßlöffelspitze Vanille Zitronenschale 3 Eßlöffel Zitronensaft evtl. etwas Birnendicksaft	beigeben, gut vermischen
3–4 Äpfel	reiben, mischen
100 ml Schlagrahm	darunterziehen
Mit Schlagrahm und Apfelschnitzen	garnieren

Orangenquarkcreme

1-183

75 g Dinkelschrot 1/4 Liter Milch 1 Prise Salz	5 Minuten sieden, 1 Stunde quellen lassen
500 g Quark 80 g Vollrohrzucker Saft von 3 Orangen 1 Löffelspitze Vanille	beigeben, gut vermischen, anrichten, erkalten lassen
Mit Schlagrahm Orangenschnitzen	garnieren

Vanillecreme

1-398

800 ml Milch 80 g Vollrohrzucker 1 Eßlöffel Vanille	sieden
2 Eßlöffel Dinkelweißmehl 200 ml Milch	in eine Schüssel geben, verschwingen
3 Eier	beigeben, verschwingen, unter Rühren in die siedende Milch einlaufen lassen
Vanillecreme	unter Rühren zum Kochen bringen, anrichten

Tip: – Sofort 1 Kaffeelöffel Vollrohrzucker auf die angerichtete Creme streuen. Verhindert die Hautbildung!
– 150 ml Schlagrahm unter die erkaltete Creme ziehen

Kernotto-Früchteschaum

1-399

200 ml Milch, 200 ml Wasser, 1 Stück Zimtrinde u. 1 Prise Salz	sieden
100 g Kernotto	beigeben, 15 Minuten köcheln lassen, etwa 20 Minuten zugedeckt quellen lassen
400 g Himbeeren 1 Eßlöffel Ahornsirup oder Birnendicksaft	beigeben, mixen, erkalten lassen
2 Eiweiß	schaumig rühren
150 ml Rahm	schlagen
Früchtebrei, Eischnee und Schlagrahm	sorgfältig mischen, anrichten
Himbeeren	zum Garnieren

Vanille-Pudding   1-184

100 g Dinkelweißmehl 200 ml Milch	anrühren, 1/4 Stunde ruhen lassen
4 Eier	beigeben, verschwingen
800 ml Milch 80 g Vollrohrzucker 2 Kaffeelöffel Vanille	sieden
Eiermasse	einrühren, unter Rühren aufkochen, von der Platte ziehen
Zitronenschale 2 Eßlöffel Zitronensaft 2 Eßlöffel gemahlene Mandeln	darunter mischen
Masse	in ausgespülte Puddingform füllen. Nach völligem Erkalten stürzen

Karamel-Pudding   1-185

100 g gemahlene Mandeln	rösten
100 g Vollrohrzucker	beigeben, flüssig werden lassen
100 ml Wasser	ablöschen
600 ml Milch	beifügen, zum Kochen bringen
100 g Dinkelweißmehl 250 ml Milch 2 Eier 1 Messerspitze Vanille	verschwingen, unter Rühren in die siedende Milch einlaufen lassen, kurz aufkochen lassen
1 Eßlöffel Kirsch	beigeben
Creme	in ausgespülte Puddingform füllen und erkalten lassen, stürzen

Schokoladen-Pudding mit Dinkelgrieß

1-186

900 ml Milch 1–2 Eßlöffel Vollrohrzucker 1 Messerspitze Vanille 100 g Schokoladewürfel	sieden
100 g Dinkelgrieß	einrühren, Kochzeit: 5 Minuten
2 Eier 100 ml Milch	miteinander verrühren, beigeben, unter Rühren nochmals zum Kochen bringen
Puddingmasse	in kalt ausgespülte Form einfüllen, kaltstellen, stürzen
Beilage: Vanillesauce oder Birnenkompott	

Tip: Schokoladewürfel durch Schokoladepulver ersetzen

Dinkelgrießkopf

1-187

800 ml Milch, 1/4 Teelöffel Salz 1 1/2 Zitronenschale 1/2 Teelöffel Vanille	sieden
130 g Grieß	einrühren, Hitze reduzieren, unter Rühren 10 Minuten kochen
Grießbrei	von der Platte nehmen
100 g Vollrohrzucker 3 Eßlöffel Zitronensaft 250 ml Voll- oder Halbrahm	beigeben, gut mischen, in ausgespülte Form füllen, mindestens 6 Stunden kaltstellen, stürzen
Beilage: Himbeersirup, Früchtekompott oder Fruchtsauce	

Dinkelschrot-Pudding

1-189

1 Liter Milch	sieden
200 g Dinkelschrot	einrühren, 15 Minuten köcheln, dann etwas auskühlen lassen
40 g Vollrohrzucker **1 Prise Salz** **1 Zitronenschale** **50 g Sultaninen** **30 g gemahlene Mandeln** **3 Eßlöffel Rum** **2 Eigelb**	darunter mischen
2 Eischnee	darunter ziehen
Mit Butter	die Puddingform gut ausstreichen
Mit 1 Eßlöffel geriebenen Mandeln	ausstreuen
Puddingmasse	einfüllen, zugedeckt im Wasserbad 1 Stunde köcheln lassen
Beilage:	
Kompott, pürierte Früchte oder Vanillesauce	

Dinkelflocken-Pudding 1-190

800 ml Milch 1 Prise Salz 70 g Vollrohrzucker	sieden
100 g Dinkelflocken	einrühren, 10 Minuten kochen lassen
40 g Puddingpulver 200 ml Milch	in einer Schüssel anrühren
2 Eier	beigeben, gut verrühren
Eiermilch	unter Rühren dem Dinkelbrei beigeben, aufkochen, von der Platte nehmen
1 Löffelspitze Zimt 50 g Sultaninen 1–2 Eßlöffel Rum	beigeben, mischen, in ausgespülte Puddingform füllen, kaltstellen, stürzen

Beilage:

Fruchtsirup oder Fruchtmark

Trauben-Pudding 1-191

400 ml Milch	sieden
3 Eier 100 ml Milch	verrühren, unter gutem Rühren einlaufen lassen, zum Kochen bringen, in Schüssel gießen
80 g feine Dinkelflocken 2 Eßlöffel Birnendicksaft oder Honig 300 g Traubenbeeren 1 Zitronenschale	mischen, in kalt ausgespülte Form gießen, erkalten lassen, stürzen

Beilage:

Vanillesauce

Feiner Dinkelflocken-Pudding 1-400

100 g Sultaninen 2 Eßlöffel Kirsch	1–2 Stunden zugedeckt ziehen lassen
4 Eigelb 150 g Vollrohrzucker 1 Prise Salz	rühren, bis die Masse hell ist
250 g Joghurt natur 250 g Magerquark 2 Eßlöffel Zitronensaft	beigeben
6 Blatt Gelatine	darunter rühren
Creme	an der Kälte etwas anziehen lassen
50 g Dinkelflocken, grob gebeizte Sultaninen 4 Eiklar	beigeben steifschlagen, darunterziehen
2 Eßlöffel Dinkelflocken	in ausgespülte Puddingform streuen
Puddingmasse	einfüllen
2 Eßlöffel Dinkelflocken	darauf streuen
Pudding	mindestens 4–5 Stunden kalt stellen

Tip
Pudding eventuell vor dem Stürzen kurz in heißes Wasserbad stellen

Dinkelbrot aus eigener Backstube

Brotbacken will gelernt sein! Nach den ersten Erfolgen wächst dabei das Vertrauen ins eigene Können und die Lust, immer Neues auszuprobieren. Die nachfolgenden Rezepte wollen eine Anleitung dazu geben.

Zuerst etwas Grundsätzliches zum Brotbacken!
- Dinkelweißmehl und -vollkornmehl können im Verhältnis zueinander beliebig abgeändert werden. Vollkornmehlteige benötigen aber etwas mehr Hefe.
- Schrot kann vorher eingeweicht oder direkt beigegeben werden.
- Ganze Körner werden zuerst weichgekocht und so dem Brotteig beigegeben.

Wer viel bäckt, kauft mit Vorteil eine Getreidemühle. So kann kurz vor der Verarbeitung aus Dinkelkörnern Vollkornmehl und Schrot selbst gemahlen werden. Der hohe Wert des Mahlproduktes bleibt somit voll erhalten. Geduld ist eine wichtige Voraussetzung, wenn man Brot backen will. Weil oftmals aber die Zeit knapp ist, sind die meisten Brotrezepte ohne Vorteig aufgeschrieben. Für alle, die ein besonders luftiges Brot wünschen, empfiehlt es sich, das Mehl zu sieben und einen Vorteig zu machen.

Hier einige Tips zum Brotbacken!
a) Zum Vorteig:
- Mehl in der Teigschüssel zu einem Kranz formen
- Gewürze auf den Mehlkranz geben
- Hefe mit 1/2 Kaffeelöffel Vollrohrzucker und 1 dl lauwarmer Flüssigkeit verrühren, in die Kranzmitte geben
- Zusammen mit etwas Mehl einen Vorteig machen, an der Wärme zugedeckt ca. 20 Minuten gehen lassen
- Alsdann den Brotteig nach Rezept zubereiten

b) Zum Backen:
- Ofen auf mindestens 220° vorheizen, Brot einschieben, dann Ofen auf die vorgeschriebene Temperatur einstellen
- Die Backzeiten sind nur Richtzeiten. Kein Backofen ist gleich wie der andere!
- Neben einem schönen Aussehen zeigt ein hohler Ton beim Klopfen auf den Brotboden an, ob das Brot genügend gebacken ist.

c) Nach dem Backen:
- Brot sofort aus den Formen nehmen und auf dem Kuchengitter auskühlen lassen.
- Das kalte Brot zuerst in Bäckerseidenpapier, dann in ein reines Leinentüchlein wickeln, damit es länger frisch bleibt.

Und nun – viel Vergnügen und Erfolg beim Brotbacken!

Dinkel-Toastbrot

1-193

500 g Dinkelweißmehl	in eine große Schüssel geben, in der Mitte eine Vertiefung machen
10 g Salz	auf den Mehlkreis streuen
15 g Hefe **1 Kaffeelöffel Vollrohrzucker**	in einer Tasse verrühren, bis alles flüssig ist
30 g Butter **300 ml Milch**	auf 37° erwärmen
Flüssige Hefe **Milch mit Butter**	in den Mehlkreis geben, alles zu einem geschmeidigen Teig verarbeiten
Teig	zudecken, an warmem Ort ums Doppelte gehen lassen
In ausgebutterte Kastenform	abfüllen, nochmals gehen lassen

Backen: 200°, 35–40 Minuten, 1. Schiene

Tip
Kleine Brötchen formen, mit Eigelb bestreichen. Backzeit: 15–20 Minuten.

Dinkel-Halbweißbrot

1 kg Dinkelvollkornmehl	
30 g Salz	in einer Schüssel gut mischen
800 ml Wasser (50° C)	beigeben, gut vermengen
Teig	zugedeckt 1 Stunde an der Wärme stehen lassen
50 g Hefe	zerbröckeln, beigeben
200 g Dinkelweißmehl	beigeben, gut durchkneten
Teig	zugedeckt gehen lassen, nochmals durchkneten, zu Stangen formen und in Kuchenform legen
Brotteig	zugedeckt nochmals gehen lassen
Brot	vor dem Backen mehrmals einschneiden
Mit Wasser	bestreichen

Backen: 200°, 20 Minuten, 1. Schiene
Ausbacken: 170°, ca. 30–40 Minuten

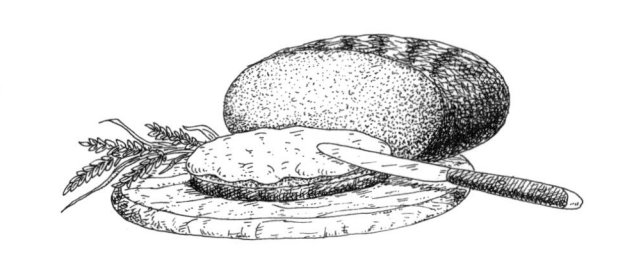

Dinkel-Vollkornbrot

2 kg Dinkelvollkornmehl	in eine Schüssel geben
30 g Salz	beigeben, gut mischen, in der Mitte eine Vertiefung machen
80 g Hefe	zerbröckeln, hinein geben
250 ml Wasser	beigeben, einen kleinen Vorteig machen, 15–20 Minuten gehen lassen
1 Liter Milch oder Milch mit Wasser gemischt	zugeben, Teig mindestens 10 Minuten gut kneten, zugedeckt an der Wärme 60–90 Minuten gehen lassen
Teig	zu Broten formen, in Formen geben, nochmals ca. 1/2 Stunde gehen lassen
Mit Wasser	bestreichen und mehrmals einschneiden

Bei 210–220° in den Ofen schieben. Nach 20–25 Minuten auf 180–190° einstellen

Backen: 50–60 Minuten

Dinkel-Vollkornbrot (im Heißluftofen)   1-405

1,5 kg Dinkelvollkornmehl	in eine große Teigschüssel geben, einen Mehlkranz bilden
60 g Hefe 100 ml lauwarme Milch 1 Kaffeelöffel Honig	vermischen, in den Mehlkranz geben, einen Vorteig herstellen, 15 Minuten gehen lassen
1 Eßlöffel Fenchelsamen 1 Eßlöffel Koriander 900 ml Wasser, 37° warm	beigeben, mischen
20 g Salz 2 Eßlöffel Sonnenblumenöl 3 Eßlöffel Weinessig	beigeben, Teig tüchtig kneten, dann zugedeckt um das Doppelte gehen lassen
Teig	zu drei Stangen formen, in gefettete Kuchenformen geben, im Heißluftofen bei 50° 15 Minuten gehen lassen

Backen: 210°, 20 Minuten, bei 190° fertig backen, 1. Schiene, Backzeit 50 Minuten

Tip
Beim Backen ein feuerfestes Gefäß mit kaltem Wasser in den Ofen stellen

Dinkel-Schrotbrot

1 kg Dinkelschrot	in eine Schüssel geben
1 1/4 Liter Milchwasser	erhitzen, dazu geben, umrühren, zudecken
Schrot	über Nacht warmstellen
Eingeweichter Schrot	anderntags aufrühren
80 g Hefe	beigeben, mischen, 15 Minuten stehen lassen
30 g Salz **900 g Dinkelweißmehl**	gut daruntermengen
Teig	zudecken, warmstellen, nach ca. 1 Stunde nochmals durchkneten, wieder gehen lassen
Teig	zu Broten formen, in 4 Kuchenformen abfüllen, nochmals gehen lassen, dann mehrmals einschneiden
Mit Wasser oder Milch	bestreichen

Backen: 210°, 20–25 Minuten, bei 190° fertig backen, Backzeit ca. 1 Stunde

Dinkel-Flockenbrot

1-338

400 g Dinkelflocken 600 g Dinkelvollkornmehl 15 g Salz	in der Teigschüssel vermischen und einen Mehlkranz bilden
40 g Hefe, zerbröckelt 200 ml Milch, lauwarm	vermischen, auflösen, in den Kreis geben und einen kleinen Vorteig machen
Vorteig	zugedeckt 15–20 Minuten warm stellen
1/2 l Wasser, lauwarm 2 Eßlöffel Zitronensaft 1 Eßlöffel Sonnenblumenöl	beifügen und mindestens 15 Minuten lang kräftig kneten
Teig mit warmem Wasser	bestreichen, zugedeckt ums Doppelte gehen lassen, dann nochmals 2–3 Minuten lang durchkneten
Teig zu 2 Broten	formen, in gefettete Kuchenformen legen
Teigoberfläche	mit scharfem Messer 5 mm tief einschneiden, nochmals fast ums Doppelte gehen lassen und sorgfältig in den Ofen schieben

Backen: 200°, 15 Minuten, 1. Schiene, dann 195°, 30 Minuten

Tip
- Je länger der Teig geknetet wird, um so mehr Luft wird eingearbeitet
- Mit Vorteil wird während der ersten 15 Minuten Backzeit ein weites Gefäß mit Wasser in den Ofen gestellt
- Das fertiggebackene Brot mit Milch bepinseln und 1 Minute im Ofen antrocknen lassen

Dinkel-Vollkornbrot mit Joghurt

1 kg Dinkelvollkornmehl	in eine große Schüssel geben
30 g Hefe **200 ml lauwarmes Wasser**	auflösen, beigeben, Vorteig machen, zugedeckt ca. 15 Minuten stehen lassen
1 Joghurt natur (180 g)	beigeben
15 g Salz **300 ml lauwarmes Wasser**	auflösen, beigeben
Alle Zutaten	10–20 Minuten tüchtig kneten
Im Wasserbad (40°)	zugedeckt ums Doppelte gehen lassen, Dauer 90–120 Minuten
Teig	zu Stangen formen, in zwei Kuchenformen füllen, nochmals gehen lassen

Backen: 250°, 5 Minuten, 1. Schiene, dann 200°, 35–40 Minuten, oder 200°, 45–50 Minuten, 1. Schiene

Tip
Ist der Teig fest genug, können Brotlaibe geformt und auf dem Backblech gebacken werden

Buttermilchbrot mit Sesam 1-206

500 g Dinkelvollkornmehl 2 Eßlöffel Sesamsamen	vermischen, Mehlkranz formen
20 g Hefe 1 Eßlöffel Vollrohrzucker 100 ml lauwarme Buttermilch	verrühren, dazugießen, ein kleines Teiglein machen, etwas gehen lassen
10 g Salz 200 ml lauwarme Buttermilch	mischen, beifügen und kneten, bis der Teig geschmeidig ist
Teig	zugedeckt an der Wärme ums Doppelte gehen lassen, nochmals durchkneten und zu einem runden Brot formen
Brot	auf Backblech setzen, zugedeckt nochmals 30–40 Minuten gehen lassen
Mit Buttermilch	bestreichen
1 Eßlöffel Sesamsamen	darüber streuen

Backen: 200°, ca. 45 Minuten, 1. Schiene

Dinkelbrot mit Sonnenblumenkernen

50 g Dinkelschrot 200 g Dinkelweißmehl 250 g Dinkelvollkornmehl	in eine Schüssel geben
50 g Sonnenblumenkerne	hellgelb rösten, beigeben, Mehlkranz bilden
10 g Salz	darauf geben
20 g Hefe 1 Kaffeelöffel Vollrohrzucker	auflösen, in die Vertiefung geben
320 ml Milch (37°)	beigeben
Alle Zutaten	zu einem geschmeidigen Teig verarbeiten, zugedeckt an der Wärme ums Doppelte aufgehen lassen
Teig	durcharbeiten, in gefettete Kuchenform füllen, nochmals gehen lassen
Mit Milchwasser	bestreichen
Mit Sonnenblumenkernen	bestreuen

Backen: 200°, ca. 50 Minuten, 1. Schiene

Dinkel-Gewürzbrot

1-401

2 kg Dinkelvollkornmehl 500 g Dinkelweißmehl 20 g Bertrampulver 20 g Fenchelpulver 10 g Galgantpulver	in eine große Teigschüssel geben, mischen, einen Mehlkranz bilden
40 g Salz	darauf geben
100 g Hefe	zerbröckeln, in den Mehlkranz geben
1,7 Liter lauwarmes Wasser	beigeben, Hefe auflösen
alle Zutaten	zum Teig verarbeiten, ca. 10 Minuten kneten
Teig	ca. 1 Stunde gehen lassen, nochmals durchwirken
Teig	in 5 Stücke aufteilen, zu Rollen formen, in gefettete Kuchenformen geben
Brote	in den kalten Backofen schieben, Ofen 30 Sekunden auf 220° stellen, Brote ca. 40 Minuten gehen lassen, dann bakken

Backen: 220°, ca. 50 Minuten, 1. Schiene

Fenchelbrot

30 g Hefe 1/2 l Wasser, 37°	in einer Schüssel auflösen
550 g Dinkelvollkornmehl 300 g Dinkelweißmehl	beigeben, kneten
100 g weiche Butter	nach der Hälfte der Knetzeit beigeben
15 g Salz	nach Dreiviertel der Knetzeit beigeben
25 g Fenchel, getrocknet	am Schluß der Knetzeit dazugeben
Teig	zugedeckt ums Doppelte gehen lassen
50 g Teigstücke	rundwirken, 2 Reihen von je 4 Stück nebeneinander aufs Backblech setzen. Zugedeckt nochmals gehen lassen
Teigkugeln	vor dem Backen mit scharfem Messer einschneiden

Backen: 200°, ca. 30 Minuten, 1. Schiene

Kräuterbrot

400 g Dinkelvollkornmehl 100 g Dinkelweißmehl	in eine Schüssel geben
Etwas Basilikum Etwas Majoran 2 Bund Petersilie	klein hacken, beigeben
1 Bund Schnittlauch	klein schneiden, beigeben
1/2 Kaffeelöffel Knoblauch- pulver oder 1 Knoblauchzehe, gepreßt 10 g Salz	beigeben
Alle Zutaten	mischen, Kranz formen
25 g Hefe 100 ml lauwarmes Wasser	verrühren, hineingeben, einen Vor- teig machen, 15–20 Minuten gehen lassen
200 ml lauwarme Milch 2 Eßlöffel Sonnenblumenöl	beifügen, Teig kneten, bis er sich von der Schüssel löst, zugedeckt an war- mem Ort ums Doppelte aufgehen lassen
Teig	zusammenkneten, zu einem runden Brot formen, mit einer Gabel mehr- mals einstechen
Mit Mehl	bestäuben
Brot	zugedeckt nochmals gehen lassen

Backen: 200°, ca. 45 Minuten, 1. Schiene

Dinkelbrot mit Karotten

1-202

250 g Dinkelweißmehl 250 g Dinkelvollkornmehl	in eine Schüssel geben, Kranz bilden
12 g Salz	daraufgeben
25 g Butter	flüssig machen
250 ml Milch	zur Butter geben, auf 37° erwärmen, in den Mehlkranz geben
30 g Hefe 1 Kaffeelöffel Vollrohrzucker	rühren, bis er flüssig ist, in den Mehlkranz geben
Alle Zutaten	zu einem geschmeidigen Teig kneten
200 g geraffelte Karotten 2 Eßlöffel gehackte Petersilie 1 Eßlöffel gehackten Basilikum	unter den Teig kneten, zugedeckt im warmen Wasserbad ums Doppelte gehen lassen
Teig	nochmals kneten und in gefettete Kuchenform füllen, nochmals gehen lassen

Backen: 200°, 45–50 Minuten, 1. Schiene

Dinkelvollkornbrot mit Orangeat

1-403

100 g Orangeat	kleinwürfelig schneiden, in eine Schüssel geben
2–3 Eßlöffel Rum	dazugeben, einige Stunden ziehen lassen
480 ml Milch, 37° warm	in eine große Schüssel geben
50 g Hefe	beigeben, auflösen
900 g Dinkelvollkornmehl 200 g Dinkelflocken 10 g Salz 100 g weiche Butter 100 g Vollrohrzucker 1 Ei 1 abgeriebene Zitronenschale	beigeben und zu einem geschmeidigen Teig verarbeiten
Orangeat	beigeben und gut in den Teig arbeiten
Teig	zugedeckt an einem warmen Ort ums Doppelte gehen lassen
2 Teigrollen	formen und in gefettete Kuchenformen legen, zugedeckt nochmals gehen lassen

Backen: 200°, 35–40 Minuten, 1. Schiene

Tip
Brot vor dem Backen mit Ei bestreichen und mit Dinkelflocken bestreuen

Früchtebrot nach Hildegard 1-402

100 g Dinkelkörner, weichgekocht	
100 g Mandeln, gehackt	
100 g Datteln, in Würfel geschnitten	
50 g Sultaninen	
50 g Sonnenblumenkerne	
1 Eßlöffel Zitronensaft	in einer Schüssel bereit stellen
1,8 kg Dinkelweißmehl	
200 g Dinkelvollwert-Müesli	
1 Kaffeelöffel Fenchelsamen, gewalzt	
2 Prisen Bertrampulver	
1 Prise Galgantpulver	in eine große Teigschüssel geben,
1 Prise Kubebenpulver	mischen, einen Mehlkranz formen
20 g Meersalz	auf den Mehlkranz geben
50 g Hefe, zerbröckelt	auflösen, in den Mehlkranz geben,
200 ml Wasser, 37° warm	Vorteig machen
Vorteig	ca. 20 Minuten zugedeckt ruhen lassen
1 Liter Wasser, 37° warm	beigeben, Teig zubereiten, 10 Minuten tüchtig kneten
Übrige Zutaten	beigeben, in den Teig arbeiten
Teig	zugedeckt ums Doppelte gehen lassen, dann aufarbeiten und nochmals gehen lassen
Teig	in 6 Stücke aufteilen, zu Broten formen und aufs Backblech setzen. Zugedeckt nochmals zur Hälfte gehen lassen

Backen: 220°, 35–40 Minuten, 2. Schiene

Möischterer Brötchen

1-208

300 g Dinkelvollkornmehl 100 g Dinkelweißmehl 2 Eßlöffel Dinkelschrot 1 Kaffeelöffel Mohnsamen 1 Kaffeelöffel Sesamsamen 1 Kaffeelöffel Flohsamen	in die Schüssel geben, mischen, Kreis formen
7 g Salz	darauf geben
15 g Hefe Knapp 300 ml Milchwasser	auflösen, beigeben
Alle Zutaten	gut kneten, 1–2 Stunden zugedeckt gehen lassen, Stollen formen und auf dem Backblech nochmals gehen lassen

Backen: 200°, 35 Minuten, 2. Schiene

Mit etwas Wasser den heißen Stollen bestreichen

Dinkel-Vollkornzopf (2 Stück) 1-210

350 g **Dinkelweißmehl** 900 g **Dinkelvollkornmehl**	in eine große Schüssel geben, einen Kranz machen
12 g **Salz**	darauf geben
150 g **Butter** 1/2 l **Milch**	auf 37° erwärmen, in den Kreis geben
50 g **Hefe** 2 Eßlöffel **lauwarmes Wasser**	auflösen, beigeben
2 **Eier**	beigeben
Alle Zutaten	ca. 10 Minuten zu einem geschmeidigen Teig kneten
Teig	sofort Zöpfe formen, zugedeckt an einem eher kühlen Ort gehen lassen, ca. 2 Stunden

Backen: 200°, ca. 35 Minuten, 2. Schiene

Tip
Zopf vor dem Herausnehmen aus dem Backofen mit heißem Wasser oder heißer Milch bepinseln und etwas antrocknen lassen

Heller Hefezopf mit Quark 1-211

1 kg Dinkelweißmehl	in eine Schüssel geben, Kranz formen
20 g Salz	daraufgeben
40 g Hefe 350 ml lauwarme Milch	in den Kreis geben, mit wenig Mehl einen Vorteig machen, 15 Minuten gehen lassen
50 g Vollrohrzucker 2 Eigelb 200 g Quark 125 g flüssige Butter 100 ml Wasser 1 Eßlöffel Sonnenblumenöl	beigeben, zu einem geschmeidigen Teig kneten, 20–30 Minuten gehen lassen
Teig	zu zwei Zöpfen flechten, nochmals gehen lassen
Mit Eigelb	bestreichen

Backen: 190°, 40–45 Minuten, 2. Schiene

Tip
Geformtes Hefegebäck wird mit Vorteil vor dem Backen 20 Minuten an einen kühlen Ort gestellt, damit es beim Backen die Form behält.

Dinkelbrötchen mit Rosinen (ca. 30 Stück)

1-212

200 g Rosinen 2 Eßlöffel Kirsch	zugedeckt ca. 12 Stunden ziehen lassen
250 g Dinkelvollkornmehl 250 g Dinkelweißmehl	in eine Schüssel geben, Kranz machen
1/4 Teelöffel Salz	darauf geben
100 g weiche Butter 250 g Quark 1 Eßlöffel Honig 2 Eier 20 g Hefe (klein zerbröckelt) 1 Messerspitze Nelkenpulver 1/2 Teelöffel Zimt 1/3 Teelöffel Muskat	in den Mehlkreis geben, alle Zutaten ca. 15 Minuten durchkneten, dann die Rosinen in den Teig arbeiten, kleine Kugeln, Durchmesser 4–5 cm, formen, auf dem Backblech zugedeckt ca. 1 Stunde gehen lassen
1 Eigelb 1 Teelöffel Wasser 1 Teelöffel Honig	in dieser Reihenfolge mischen, Brötchen damit bestreichen

Backen: 180°, 15–20 Minuten, 2. Schiene

Znünibrötchen

1-213

1 Eßlöffel Dinkelkörner	6–8 Stunden einweichen, 10 Minuten kochen, 20 Minuten quellen lassen
250 ml Rahm, 2 Eier 70 g Vollrohrzucker	schaumig rühren
300 g Dinkelweißmehl, Dinkelkörner, evtl. 1 Eßlöffel Anis 1 gestr. Kaffeelöffel Natron 1 gestr. Kaffeelöffel Backpulver	mischen, beigeben, zum Teig verarbeiten
Teig	mit 2 Eßlöffeln zu Häufchen formen, auf Backblech setzen

Backen: 200°, 15–20 Minuten, 2. Schiene

Mohnsemmeln

1-214

500 g Dinkelweißmehl	in eine Schüssel sieben, Kranz formen
25 g Hefe 250 ml lauwarme Milch	hineingeben, mit etwas Mehl einen Vorteig machen, zugedeckt 15 Minuten gehen lassen
50 g flüssige Butter 1 Ei, 10 g Salz 1 Messerspitze Bertram 1 Messerspitze Muskat 1 Messerspitze Fenchelpulver	beigeben, zu einem glatten Teig kneten, 15 Minuten gehen lassen, nochmals kräftig durcharbeiten und wieder 15 Minuten gehen lassen
40 g schwere Teigstücke	zu Kugeln formen und aufs Backblech setzen, nochmals gehen lassen
1 Eigelb 1 Eßlöffel Milch	verquirlen, die Semmel damit bestreichen
Etwas Mohn	daraufstreuen, mit Schere kreuzweise einschneiden

Backen: 200°, ca. 20 Minuten, 2. Schiene

Einfaches Dinkelbiskuit 1-215

4 Eigelb	
200 g Vollrohrzucker	
4 Eßlöffel Wasser	
1 Prise Salz	
1 Kaffeelöffel Vanille	schaumig rühren
100 g Dinkelweißmehl	darunterziehen, in gefettete und be-
100 g Dinkelvollkornmehl	mehlte Springform füllen, Durchmes-
4 Eischnee	ser 24 cm

Backen: 180°, ca. 30 Minuten, 1. Schiene

Erkaltetes Biskuit	durchschneiden
Mit 200 g Rahmquark	Biskuitboden bestreichen
Mit Früchten	belegen, eventuell süßen
Biskuitdeckel	darauf setzen
5 Eßlöffel Rahmquark	darauf streichen
Mit Früchten	ausgarnieren

Tip
Biskuitböden mit Kirsch-Zuckerwasser tränken!

Dinkelbiskuit mit Äpfeln

100 g Butter	schaumig rühren
100 g Vollrohrzucker 3 Eigelb 2 Eßlöffel Wasser	beigeben, mitrühren
1 Kaffeelöffel Vanille 1 Eßlöffel Rum	beigeben, kurz mitrühren
100 g Dinkelschrot 75 g Dinkelweißmehl 1 Kaffeelöffel Backpulver	mischen
Mehl 3 Eischnee	unter die Eimasse ziehen, in gefettete und bemehlte Springform füllen, Durchmesser 22 cm
4 geschälte Äpfel	vierteln, Kernhaus entfernen
Die Apfelviertel	gleichmäßig längs einschneiden und auf die Teigmasse legen

Backen: 175°, ca. 50 Minuten, 1. Schiene

Tip
Die Äpfel sofort nach dem Backen mit Birnendicksaft bestreichen oder Rohzucker darüberstreuen

Apfelkuchen

1-217

125 g weiche Butter 150 g Honig 2 Eier	schaumig rühren
100 g Speisequark 1 Zitrone, Schale und Saft 1 Messerspitze Vanille 2–3 Eßlöffel Milch	darunter mischen
100 g Dinkelweißmehl 150 g Dinkelvollkornmehl 20 g Backpulver	mischen, beigeben
Masse	in gefettete und bemehlte Springform, Durchmesser 24 cm, füllen, glattstreichen
4 geschälte Äpfel	halbieren, Kerngehäuse ausstechen, einschneiden und auf dem Teig verteilen

Backen: 180°, ca. 45 Minuten, 2. Schiene

Tip
Die noch heißen Äpfel mit Birnendicksaft bestreichen

Dinkelkuchen
mit Schokoladenwürfeln   1-218

150 g weiche Butter	schaumig rühren
100 g Vollrohrzucker 3 Eier	beigeben, mitrühren
100 g Schokoladenwürfel 1 Messerspitze Vanille 1–2 Eßlöffel Milch	beigeben, mischen
150 g Dinkelvollkornmehl 100 g Dinkelweißmehl 1 gestrichener Eßlöffel Backpulver	darunter ziehen, in gefettete Springform, Durchmesser 22 cm, füllen

Backen: 175°, ca. 45 Minuten, 2. Schiene

Sonntags-Kuchen   1-221

200 g Butter	schaumig rühren
200 g Rohzucker 3 Eier	nach und nach beigeben, gut rühren
1 Eßlöffel Rum 100 g Schokoladenstreusel 50 g Mandeln (gemahlen)	beigeben, mischen
100 ml Milch 200 g Dinkelweißmehl 50 g Edelkastanienmehl 20 g Backpulver	mischen, darunter ziehen, in vorbereitete Springform, Durchmesser 24 cm, füllen

Backen: 180°, ca. 40 Minuten, 2. Schiene

Gugelhupf mit Maroni-Püree 1-30

150 g Butter 175 Vollrohrzucker	weich rühren
1 Prise Salz	beigeben
3 Eier	nach und nach beigeben, rühren, bis die Masse hell ist
300 g Dinkelweißmehl 2 Kaffeelöffel Backpulver 100 ml Milch	unter die Masse rühren
die Hälfte des Teiges	in vorbereite Gugelhupfform füllen, Durchmesser 22 cm
400 g Maroni-Püree 4 Eßlöffel Rahm 1 1/2 Eßlöffel Kirsch	gut mischen, in die Form füllen, mit der Gabel spiralförmig unter den Teig ziehen
restlichen Teig	darauf verteilen

Backen: 180°, ca. 55 Minuten, 1. Schiene

Gugelhupf	stürzen
evtl. mit Puderzucker oder Schokoladenpulver	bestäuben

Tip
Gugelhupf hält, in Folie eingepackt und im Kühlschrank gelagert, 3–5 Tage. Maroni-Püree ganz unter den Teig mischen.

Rührkuchen mit Dinkelschrot 1-224

160 g Butter	schaumig rühren
150 g Vollrohrzucker 3 Eier	nach und nach beigeben, schaumig rühren
100 ml Kaffeerahm, 1 Eßlöffel Rum, Zitronenschale, Saft von 1 Zitrone, 100 g Rosinen	darunter mischen
140 g Dinkelschrot 200 g Dinkelweißmehl 1 gestrichener Eßlöffel Backpulver	mischen, darunter ziehen, in gefettete und bemehlte Springform füllen, Durchmesser 22 cm oder in Kuchenform, Länge 25 cm

Backen: 170°, ca. 50 Minuten, 1. Schiene

Gewürzkuchen 1-223

4 Eier, 250 g Vollrohrzucker	schaumig rühren
125 g weiche Butter	beigeben, gut unterrühren
220 g Dinkelweißmehl 100 g Dinkelschrot 50 g Kakao 1 Messerspitze Muskat 1 Messerspitze Nelken 1/2 Teelöffel Zimt 1 Päckchen Backpulver	gut vermischen
200 ml Milch Obige Zutaten	abwechslungsweise unter die Rührmasse ziehen
Masse	in gefettete und bemehlte Springform, Durchmesser 24 cm, füllen

Backen: Bei 175°, ca. 50 Minuten, 1. Schiene

Tip: Kuchenform 26 cm lang

Honigkuchen 1-227

250 g Dinkelschrot 350 ml heiße Milch	2–3 Stunden zugedeckt quellen lassen
1 Ei, 150 g Vollrohrzucker	schaumig rühren
100 g Honig, 100 g Butter	mitrühren
Dinkelschrot	aufrühren, beigeben
50 g Mandeln, gerieben, 200 g Dinkelweißmehl, gesiebt, 25 g Kakao, gesiebt, 1 Teelöffel Zimt, 1 Messerspitze Nelken, 8 g Natron oder 20 g Backpulver	mischen, unter die Teigmasse ziehen, in vorbereitete Springform, Durchmesser 24 cm, füllen

Backen: 170°, ca. 50 Minuten, 1. Schiene

Tip: Masse nach Belieben mit Sultaninen bereichern

Margariten-Lebkuchen 1-229

200 ml Sauerrahm 1 Joghurt natur (180 g) 180 g Vollrohrzucker 1 Prise Salz	schaumig rühren
2 Eßlöffel Gewürzmischung (siehe Energieplätzchen!) 3 Eßlöffel Birnendicksaft	kurz mitrühren
10 g Natron, 2–3 Eßlöffel Milch	anrühren, beigeben
100 g Dinkelvollkornmehl 300 g Dinkelweißmehl	dazugeben, gut vermischen
Lebkuchenmasse	in gefettete und bemehlte Springform, Durchmesser 24 cm, füllen

Backen: 190°, 40–45 Minuten, 1. Schiene

Lebkuchen (2. Art)

1-230

250 ml Birnendicksaft 100 ml Milch 100 ml Rahm 50 g weiche Butter 80 g Vollrohrzucker	schaumig rühren
2 gestrichene Eßlöffel Gewürzmischung	beigeben, kurz mitrühren
1 gestrichener Eßlöffel Natron 1 Eßlöffel Kirschwasser	auflösen, beigeben
evtl. 2–3 Eßlöffel Rotwein	beifügen
200 g Dinkelweißmehl 200 g Dinkelvollkornmehl	beigeben, mischen, in gefettete und bemehlte Springform, Durchmesser 24 cm, füllen

Backen: 200°, 35–40 Minuten, 1. Schiene

Tip
Kuchen sofort nach dem Backen mit Birnendicksaft bestreichen

Möhrentorte

4 Eigelb 200 g Vollrohrzucker 1 Eßlöffel Wasser	schaumig rühren
1/2 Zitrone Schale und Saft 1 Kaffeelöffel Vanille 1 Kaffeelöffel Zimt 1 Messerspitze Nelkenpulver 200 g geriebene Möhren 100 g geriebene Mandeln 100 g geriebener Dinkel-Zwieback 1 Eßlöffel Rum	dazugeben, mischen
100 g Dinkelvollkornmehl 1 Eßlöffel Backpulver	mischen
Mehl 4 Eischnee	darunter ziehen
Masse	in gefettete und bemehlte Springform, Durchmesser 24 cm, füllen

Backen: 170°, 50–60 Minuten, 1. Schiene

Äpfel im Versteck

1-228

150 g Dinkelschrot 150 ml siedendes Wasser	in eine Schüssel geben, zugedeckt über Nacht stehen lassen
3 Eigelb 150 g Vollrohrzucker 2 Eßlöffel Wasser	schaumig rühren
100 g weiche Butter	beigeben, mitrühren
Dinkelschrot 1 abgeriebene Zitronenschale 150 g gesiebtes Dinkelweißmehl 1 Päckchen Backpulver	darunter mischen
3 Eischnee	darunter ziehen
Kuchenmasse	in gefettete und bemehlte Springform füllen, Durchmesser 24 cm
6 kleine, gefüllte Äpfel	im Kreis einsetzen

Backen: 170°, 45 Minuten, 1. Schiene

Apfelfüllung:

2 Eßlöffel Mandeln, gemahlen 2 Eßlöffel grobe Dinkelflocken	mischen, in die geschälten, ausgehöhlten Äpfel füllen
3 Kaffeelöffel Birnendicksaft	darauf verteilen

Tip
- Die Äpfel nur leicht einsetzen
- In die Kuchenmitte nie einen Apfel geben, wegen dem Aufschneiden!

Linzer Torte

80 g **Butter**	schaumig rühren
140 g **Honig** 2 **Eier** 1 **Prise Salz**	beigeben, mitrühren
1 **Messerspitze Vanille** 1 **Messerspitze Nelken** 2 **Teelöffel Zimt**	beigeben, gut mischen
200 g **Mandeln** 200 g **Dinkelvollkornmehl** 200 g **Dinkelweißmehl** 1 gestr. **Eßlöffel Backpulver**	beigeben, kurz zu Teig verarbeiten
4/5 **des Teiges**	in gefettete Springform, Durchmesser 22 cm, streichen, Rand hochziehen, mit Gabel verzieren
200 g **Himbeer- oder Quittenkonfitüre**	auf den Teigboden streichen
Restlichen Teig	dünn auswellen, Streifen abrädeln, gitterartig auf den Kuchen legen
Mit Eigelb	bestreichen

Backen: 190°, ca. 30 Minuten, 1. Schiene

Den Kuchen 2 Tage durchziehen lassen, bevor er gegessen wird

Mandelkuchen

1-235

Mürbeteig:

250 g Dinkelweißmehl	
125 g Butter	verreiben, Kreis formen
100 g Vollrohrzucker	
1 Ei	hineingeben, kurz zu Teig verarbei-
1 Prise Salz	ten, kaltstellen
Teig	auswellen, in gefettete und bemehlte Springform legen, Rand 3 cm hoch formen
Teigboden	mit Alufolie abdecken, mit Erbsen beschweren, bei 220° 15 Minuten backen
Erbsen und Folie	entfernen
Mandelfüllung	darauf geben

Backen: 180°, 30 Minuten, 1. Schiene

Füllung:

4 Eigelb	
125 g Vollrohrzucker	schaumig rühren
80 g weiche Butter	beigeben, mitrühren
1 Eßlöffel Rum	
150 g geriebene Mandeln	
25 g Dinkelschrot	
4 Eischnee	darunter ziehen

Johannisbeerkuchen

1-234

Mürbeteig, siehe oben

Belag:

3 Eiweiß	steifschlagen
50 g Vollrohrzucker **1 Eßlöffel Dinkelweißmehl**	beigeben, weitere 5 Minuten schlagen
50 g Vollrohrzucker **400 g Johannisbeeren**	darunterziehen, auf den erkalteten Kuchenboden streichen

Backen: 175°, ca. 20 Minuten, 1. Schiene

Tip
Belag mit Alufolie abdecken oder Oberhitze ausschalten, falls er zu schnell bräunt. Der Belag darf nur leicht goldgelb sein.

Quittenkuchen

600 g Quitten	schälen und achteln
300 ml Wasser	
2 Eßlöffel Birnendicksaft	
1 Messerspitze Nelkenpulver	sieden, Quittenschnitze knapp weich-
1/4 Zimtstengel	kochen, im Saft auskühlen lassen
100 g Butter	schaumig rühren
100 g Vollrohrzucker	
2 Eier	
1 Zitronenschale	
1 Prise Salz	beigeben, gut rühren
250 g Dinkelweißmehl	beigeben, kurz zu Teig verarbeiten, 1/2 Stunde kaltstellen
Teig	auswellen, ausgebutterte Springform (Durchmesser 24 cm) damit belegen, Rand etwas hochziehen
Abgetropfte Quittenschnitze	darauf legen

Vorbacken: 200°, 20 Minuten, 1. Schiene

Guß:

2 Eigelb	
2 Eßlöffel Vollrohrzucker	
1 Messerspitze Zimt	schaumig rühren
150 ml Rahm	nach und nach beigeben
2 Eischnee	
50 g geriebene Mandeln	darunter ziehen
Guß	über den Kuchen gießen

Fertigbacken: 200°, 20 Minuten, 1. Schiene

Fruchtkuchen

1-242

Geriebener Teig:

150 g Dinkelvollkornmehl **80 g Butter**	verreiben, Mehlkreis machen
4 Eßlöffel Wasser **1/2 Kaffeelöffel Salz** **1 Kaffeelöffel Essig**	in den Mehlkreis geben, kurz zu Teig verarbeiten
Teig	über Nacht im Kühlschrank ruhen lassen
Teig	dünn auswellen, auf das gefettete Blech, Durchmesser 28 cm, legen, gut einstechen, 5 Minuten anbacken
Früchte	darauf legen
Eierguß	darüber gießen

Backen: 250°, 25–30 Minuten, 1. Schiene

Eierguß:

2 Eier **1 Eßlöffel Vollrohrzucker** **200 ml sauren Halbrahm oder Milch**	gut mischen

Tip
Gemüsekuchen wird auf dieselbe Art gemacht. Gemüse leicht andämpfen und ausgekühlt auf den angebackenen Teig verteilen. Anstelle von Vollrohrzucker 1 Kaffeelöffel Salz in den Guß geben.

Kürbiskuchen

Geriebener Teig:

100 g Dinkelvollkornmehl 50 g Dinkelweißmehl 50 g Butter	verreiben, bis das Mehl gleichmäßig fein ist, Kreis formen
1/2 Kaffeelöffel Salz 5 Eßlöffel Wasser 1 Kaffeelöffel Essig	hineingeben, kurz zum Teig verarbeiten, zugedeckt 1/2 Stunde kaltstellen
Ausgewellten Teig	auf Kuchenblech legen, stechen
750 g geschälten Kürbis	in 1 cm dicke Scheiben schneiden, auf Backblech legen und 10–15 Minuten bei 200° halbweich dämpfen, erkalten lassen
Kürbisscheiben	in Würfel schneiden, auf dem Kuchenteig verteilen

Eierguß:

2 Eßlöffel Dinkelweißmehl 200 ml Rahm 2 Eßlöffel Rohzucker 2 Eier 1 Eßlöffel Kirschwasser 1 Kaffeelöffel Vanille	verrühren, über den Kürbiswürfeln verteilen

Backen: 220°, ca. 30 Minuten, 1. Schiene

Apfelstrudel

1-236

Strudelteig:

125 g Dinkelvollkornmehl 2 Prisen Salz 2 Eßlöffel Sonnenblumenöl 2 Eigelb 2 Eßlöffel Wasser	mischen, Teig kneten, bis er elastisch ist, leicht befeuchten und mit feuchtem Tuch zugedeckt 20 Minuten ruhen lassen

Füllung:

1 Zitrone Schale und Saft 2 Eßlöffel gemahlene Mandeln 2 Eßlöffel Vollrohrzucker 2 Eßlöffel Rosinen 1 Messerspitze Zimt	mischen
500 g geschälte Äpfel	in Scheiben schneiden, beigeben
Strudelteig	auswellen und ausziehen
Mit flüssiger Butter	bestreichen
Apfelfüllung	darauf verteilen
Strudel	aufrollen, auf Blech legen
Mit flüssiger Butter	bestreichen, stechen

Backen: 190°, ca. 40 Minuten, 1. Schiene

Beilage:

Vanillesauce

Tip
- Anstelle von Äpfeln eventuell Aprikosen verwenden. Den Teig vorher mit Paniermehl oder geriebenen Mandeln bestreuen (Saft!)
- Strudel während des Backens 1–2 mal mit flüssiger Butter bestreichen

Friedrichs Apfelschnitte

1-245

100 g Butter	schaumig rühren
1 Ei 1 Eiweiß 100 g Birnendicksaft 1/2 Kaffeelöffel Vanille 1 Prise Salz	beigeben, mitrühren
250 g Dinkelvollkornmehl 1/2 Kaffeelöffel Backpulver	beigeben, kurz zu Teig verarbeiten, 2–3 Stunden kaltstellen
Teig	8 mm dick auswellen, ca. 25 cm breit
Apfelfüllung	längs in der Mitte daraufgeben
Teigränder	beidseitig an die Füllung legen, oben bleibt eine Öffnung von ca. 2 cm
Schnitte	hinten und vorn verschließen
Mit Eigelb	bestreichen

Backen: 190°, ca. 25 Minuten, 2. Schiene

Füllung:

1–2 Eßlöffel Vollrohrzucker 2 Eßlöffel Sultaninen 2 Eßlöffel Mandeln (gemahlen)	in eine Schüssel geben
1 Zitrone	schälen, in feine Scheiben schneiden, beigeben
5–6 Äpfel	schälen, in feine Scheiben schneiden, beigeben
Alle Zutaten	gut mischen

Mailänderschnitte

Zuckerteig:

125 g Butter	schaumig rühren
125 g Vollrohrzucker **1 Ei** **1 Eiweiß** **1 Prise Salz**	beigeben, gut rühren
3 Eßlöffel Milch	beifügen, mischen
1 Zitronenschale **200 g Dinkelweißmehl** **175 g Dinkelvollkornmehl** **1/2 Kaffeelöffel Backpulver**	beigeben, kurz zum Teig verarbeiten, 2–3 Stunden zugedeckt kalt stellen

Zubereitung der Schnitte:

Zuckerteig	1 cm dick zu einem Rechteck auswellen, auf Blech legen, Teigränder gradlinig zuschneiden
Teigreste	zusammenwirken, dünn auswellen, 1 cm breite Streifen schneiden
Mit Himbeerkonfitüre	die Teigplatte bestreichen, 1 cm Teigrand belassen
Teigstreifen	gitterförmig darauflegen
Mit Eigelb	bestreichen

Backen: 180°, ca. 15 Minuten, 2. Schiene

Dinkelvollkorn-Biskuitroulade 1-226

4 Eigelb 120 g Vollrohrzucker 3 Eßlöffel Wasser	schaumig rühren
120 g Dinkelvollkornmehl 1/2 Kaffeelöffel Backpulver 4 Eischnee	sorgfältig darunter ziehen
Masse	auf Backtrennpapier ausstreichen (ca. 1 cm dick)

Backen: 220°, ca. 8 Minuten, 1. Schiene

Gebackenes Biskuit	auf ein Tuch stürzen
Mit Himbeerkonfitüre	sehr schnell bestreichen und satt aufrollen
oder: Roulade unter dem Blech erkalten lassen und dann füllen	

Füllung:

200 ml Rahm	schlagen
200 g Magerquark 1 Eßlöffel Vollrohrzucker 300 g Himbeeren 2 Eßlöffel Himbeergeist	beigeben, verrühren, auf die erkaltete Roulade streichen
Roulade	satt aufrollen

Dinkelgrießkuchen

1-219

125 g **Dinkelgrieß**	
1/4 Liter **Milch, lauwarm**	2–3 Stunden zugedeckt stehen lassen
3 **Eigelb**	
125 g **Vollrohrzucker**	schaumig rühren
100 g **weiche Butter**	beigeben, rühren
1 **Zitrone Schale und Saft**	
Eingeweichten Grieß	beigeben
125 g **Dinkelweißmehl**	
1/2 **Päckchen Backpulver**	
3 **Eischnee**	darunter ziehen
Mit gemahlenen Mandeln	die gefettete Stollenform bestreuen
Masse	einfüllen

Backen: 180°, 50–60 Minuten, 1. Schiene

Kraftspenderkuchen

80 g weiche Butter	schaumig rühren
180 g Vollrohrzucker	
3 Eier	
1 Prise Salz	beigeben, schaumig rühren
einige Tropfen Bittermandelaroma	
100 g gemahlene Mandeln	
100 g Dinkelvollkornmehl	
50 g feine Dinkelflocken	
50 g grobe Dinkelflocken	
ca. 100 ml Milch	
1 Kaffeelöffel Backpulver	sorgfältig darunter mischen
	Kuchenform (22 cm) mit Backtrennpapier auskleiden, Masse einfüllen

Backen: 180°, 50 Minuten, 1. Schiene

Tip
Nach Belieben 50 g Sultaninen unter die Masse mischen

Früchtekuchen 1-222

50 g Sultaninen **50 g Rosinen** **50 g Zitronat-Würfel** **2 Eßlöffel Kirsch**	mischen, 2 Stunden ziehen lassen
150 g weiche Butter	schaumig rühren
150 g Vollrohrzucker oder **120 g Honig** **5 Eigelb**	beigeben, mitrühren
Vorbereitete Früchte **50 g Mandeln, gehackt** **250 g Dinkelvollkornmehl** **1 Eßlöffel Backpulver**	beigeben, kurz mischen
5 Eischnee	darunter ziehen
Masse	in gut gefettete und bemehlte Kuchenform füllen (Länge: 24 cm)

Backen: 170°, ca. 50 Minuten, 1. Schiene

Weihnachtskuchen

150 g Sultaninen 150 g kandierte Früchte 100 g Aprikosen, kleingeschnitten 4 Eßlöffel Rum	mischen, ca. 1 Stunde ziehen lassen
250 g Butter	schaumig rühren
250 g Vollrohrzucker 4 Eier	nach und nach beigeben, schaumig rühren
50 g Mandelstifte 50 g geröstete Mandeln 1/2 Zitronenschale, abgerieben 1 Eßlöffel Zimt 1 Messerspitze Nelkenpulver Eingelegte Früchte	beigeben, mischen
150 g Dinkelweißmehl 150 g Dinkelvollkornmehl 2 Eßlöffel Backpulver	darunterheben, in gefettete und bemehlte Springform, Durchmesser 24 cm, füllen

Backen: 175°, ca. 55 Minuten, 1. Schiene

Dinkel-Stollen

500 g Dinkelweißmehl **300 g Dinkelschrot**	in eine große Schüssel geben, einen Kranz machen
5 g Salz	daraufgeben
40 g Hefe **100 ml Milch**	auflösen, in den Kreis geben
150 g Butter **350 ml Milch**	auf 37° erwärmen, beigeben
2 Eier **150 g Vollrohrzucker**	beigeben
Zutaten	zu einem geschmeidigen Teig verarbeiten, ums Doppelte gehen lassen
50 g Rosinen **50 g Orangeat** **50 g Zitronat** **2 Eßlöffel Rum**	ca. 3 Stunden vorher mischen, zugedeckt ziehen lassen
50 g gehackte Mandeln **Gebeizte Früchte** **Getriebener Teig**	mischen, gut kneten und in zwei ausgebutterte und bemehlte Kuchenformen füllen, nochmals ca. 30 Minuten gehen lassen

Backen: 210°, ca. 35 Minuten, 1. Schiene

Tip
Anstelle von Orangeat und Zitronat gedörrte Aprikosen klein schneiden und verwenden

Streuselkuchen

1-239

250 g Dinkelvollkornmehl 250 g Dinkelweißmehl	in eine Schüssel geben, Kranz bilden
1/3 Kaffeelöffel Salz	darauf geben
40 g Hefe 300 ml lauwarme Milch	auflösen, beigeben
125 g Vollrohrzucker 125 g flüssige Butter 1 Kaffeelöffel Vanille 2 Eßlöffel Rum	beigeben, alle Zutaten zu einem geschmeidigen Teig kneten, an der Wärme ums Doppelte gehen lassen
Teig	in gefettete Springform, Durchmesser 26 cm, geben, nochmals gehen lassen
Streusel	darauf verteilen

Backen: 170°, ca. 35 Minuten, 1. Schiene

Streusel:

60 g Butter	flüssig machen
1/2 Kaffeelöffel Zimt 2 Eßlöffel Honig 100 g Dinkelschrot	beigeben, mischen, bis sich Krümel bilden

Hefekuchen mit Äpfeln

1-240

160 g Dinkelgrieß 1/4 Liter warme Milch	mischen, über Nacht an warmem Ort quellen lassen
500 g Dinkelweißmehl	in eine Schüssel geben, Kreis machen
20 g zerbröckelte Hefe 100 ml lauwarme Milch	in den Mehlkreis geben, einen kleinen Vorteig machen, 10 Minuten treiben lassen
1 gestr. Kaffeelöffel Salz 50 g weiche Butter 100 g Vollrohrzucker 1 Ei 1 abgeriebene Zitronenschale eingeweichter Grieß	beigeben, zu einem geschmeidigen Teig verarbeiten und ums Doppelte im Wasserbad gehen lassen

Verarbeitung:

Teig	in gefettete Springform geben, Durchmesser 26 cm
mit Apfelscheiben	belegen, nochmals gehen lassen

Backen: 200°, ca. 30 Minuten, 1. Schiene

Tip
- Äpfel nach dem Backen sofort mit Birnendicksaft bestreichen
- Dieser Kuchen eignet sich zum Nachtessen
- 3 Eßlöffel Anis in den Teig arbeiten und in Kuchenformen abfüllen

Gefülltes Hefegebäck

500 g Dinkelweißmehl	in eine Schüssel geben, in der Mitte eine Vertiefung machen
25 g Hefe	hineinbröckeln
1/4 Liter Milch	auf 37° erwärmen, ca. 100 ml Milch beigeben, einen kleinen Vorteig machen, 15 Minuten zugedeckt stehen lassen
50 g Vollrohrzucker 1 gestr. Kaffeelöffel Salz 30 g weiche Butter 1 Ei restliche Milch	in den Mehlkreis geben, zu einem geschmeidigen Teig verarbeiten, um das Doppelte gehen lassen
Teig	rechteckig auswellen, ca. 4 mm dick, füllen, rollen und in Ringform, Durchmesser 28 cm, geben, nochmals gehen lassen

Backen: 220°, 30–40 Minuten

Mandelfüllung:

200 g gemahlene Mandeln 4 Eßlöffel Vollrohrzucker	in eine Schüssel geben
1 Apfel	fein dazureiben
1 Zitrone	Schale dazureiben, Saft auspressen, beigeben
2 Eßlöffel Sultaninen	eventuell beigeben
6–8 Eßlöffel Rahm oder Milch	beifügen, mischen

Tip
Die Füllung soll feucht, aber nicht flüssig sein

Butterkrapfen

1-407

350 g Dinkelweißmehl 150 g Butter	verreiben, einen Mehlkranz machen
20 g Hefe 1 Eßlöffel Honig	miteinander auflösen, in den Kranz geben
150 ml Mineralwasser natur 1 Ei 1 Prise Meersalz 1 Kaffeelöffel Zimt	beigeben, alle Zutaten zu einem glatten Teig verarbeiten. 30 Minuten im Kühlschrank ruhen lassen
Teig	6 mm dick auswellen, Rondellen ausstechen
1 Kaffeelöffel Himbeerkonfitüre	auf jede Rondelle geben
mit Wasser	den Rand bestreichen
Rondellen	überschlagen und gut verschließen
1 Eigelb 1 Kaffeelöffel Honig	mischen, Krapfen damit bestreichen
evtl. mit grobgemahlenen Mandeln	bestreuen
Krapfen	20–25 Minuten gehen lassen

Backen: 200°, ca. 20 Minuten, 2. Schiene

Tip
Anstelle von Konfitüre eine Apfelfüllung verwenden:
3 Äpfel, grob geraffelt
1 Eßlöffel Vollrohrzucker
1 Eßlöffel Mandeln, gerieben
1 Zitronenschale, abgerieben

Mailänderli (ca. 60 Stück)

125 g Butter	schaumig rühren
125 g Vollrohrzucker 1 Prise Salz 1 Ei, 1 Eigelb 1 Messerspitze Vanille	beigeben, mitrühren
Abgeriebene Zitronenschale 250 g Dinkelweißmehl 1 Messerspitze Backpulver	beigeben, kurz zu Teig verarbeiten, 3–4 Stunden kühlstellen
Teig	ca. 5 mm auswellen, Förmchen ausstechen
Mit Eigelb	bestreichen

Backen: 190°, ca. 12 Minuten, Ofenmitte

Orangenplätzchen

125 g Butter	schaumig rühren
1 Ei 125 g Vollrohrzucker 1 Prise Salz	beigeben, gut mitrühren
1 Orangenschale 1 Eßlöffel Orangensaft 1 Kaffeelöffel Vanille	zugeben
250 g Dinkelvollkornmehl (oder Dinkelweißmehl) 1 Messerspitze Backpulver	beigeben, kurz zu Teig verarbeiten, ca. 3–4 Stunden kalt stellen
Teig	5 mm dünn auswellen, ausstechen

Backen: 200°, 10–15 Minuten, Ofenmitte

3 Eßlöffel Vollrohrzucker ca. 1 Eßlöffel Orangelikor	mischen, warme Plätzchen dünn bestreichen

Schwabenbrötchen 1-249

100 g weiche Butter	rühren, bis sich Spitzchen bilden
1 Ei, 100 g Vollrohrzucker 1 Prise Salz	mitrühren, bis alles schaumig ist
125 g Mandeln, gemahlen 1/2 Zitronenschale 1/2 Kaffeelöffel Zimt 1 Messerspitze Nelkenpulver 150 g Dinkelvollkornmehl	mischen, beigeben, kurz zum Teig verarbeiten, 3–4 Stunden kalt stellen
Teig	1/2 cm dünn auswellen, Förmchen ausstechen
Mit Eigelb	bestreichen

Backen: 200°, 12 Minuten, Ofenmitte

Gesundheitsplätzchen 1-251

90 g Butter	schaumig rühren
4 Eßlöffel Vollrohrzucker 1 1/2 Eier	mitrühren
2 Messerspitzen Zimt 200 g Dinkelvollkornmehl 50 g Edelkastanienmehl 1 Messerspitze Backpulver	mischen, kurz zu Teig verarbeiten
Teig	1 Stunde kalt stellen, 1/2 cm dick auswellen, ausstechen
mit 1/2 Ei	bestreichen

Backen: 180°, 12 Minuten, Ofenmitte

Tip: Plätzchen eventuell nach dem Backen zur Hälfte in flüssige Schokolade tauchen, auf Alufolie absetzen.

Energieplätzchen

1-253

150 g Butter	schaumig rühren
250 g Vollrohrzucker	
2 1/2 Eier	
1 Prise Salz	beigeben, gut rühren
30 g Gewürmischung	beigeben, mischen
Gewürzmischung:	45 g Muskatpulver
	45 g Zimt
	10 g Nelkenpulver
1 Zitronenschale	
200 g Dinkelvollkornmehl	
200 g Dinkelweißmehl	
200 g Mandeln gem.	beigeben, kurz zu Teig verarbeiten.
1 Kaffeelöffel Backpulver	Über Nacht kalt stellen
Teig	5 mm dünn auswellen, Formen ausstechen
Mit 1/2 Ei	bestreichen

Backen: 190°, ca. 12 Minuten, 2. Schiene

Hildegard-Lebkuchen 1-267

50 g Honig 150 g Vollrohrzucker 2 Eier, 20 g weiche Butter	20 Minuten schaumig rühren
1 gestr. Eßlöffel Zimt 1 gestr. Eßlöffel Muskat 1/3 Kaffeelöffel Nelkenpulver 1 Messerspitze Natron	beigeben, mischen
150 g Dinkelvollkornmehl 125 g Dinkelweißmehl	beigeben, zu Teig verarbeiten
Teig	über Nacht kaltstellen, dann 1/2 cm dünn auswellen, Förmchen ausstechen
Mit Eigelb	bestreichen

Backen: 190°, ca. 12 Minuten, Ofenmitte

Tip: Gewürze durch 2 Eßlöffel Muskatpulvermischung ersetzen

Galgantplätzchen 1-254

100 g Butter	schaumig rühren
125 g Vollrohrzucker 2 1/2 Eier, 1 Prise Salz	beigeben, gut rühren
10 g Galgant	beigeben, mischen
400 g Dinkelvollkornmehl 1/2 Kaffeelöffel Backpulver	beigeben, kurz zu Teig verarbeiten, kaltstellen
Teig	5 mm dünn auswellen, Förmchen ausstechen
Mit Ei	bestreichen

Backen: 190°, 12 Minuten, Ofenmitte

Vollkornplätzchen 1-255

100 g Butter	schaumig rühren
100 g Vollrohrzucker 2 Eier 1 Prise Salz	beigeben, gut rühren
1 Messerspitze Vanille 100 g Schokoladenstreusel	beigeben, mischen
300 g Dinkelvollkornmehl 1/2 Kaffeelöffel Backpulver	beigeben, kurz zu Teig verarbeiten, 1 Stunde kaltstellen
Teig	5 mm dick auswellen, ausstechen
Mit Eigelb	bestreichen

Backen: 180°, 10–12 Minuten, 2. Schiene

Mandel-Vollkornplätzchen 1-258

120 g Butter	schaumig rühren
120 g Vollrohrzucker 2 Eier 1 Eiweiß 1 Prise Salz	beigeben, gut rühren
1 Eßlöffel Rum 200 g Dinkelvollkornmehl 200 g gerieben Mandeln 1 gestr. Kaffeelöffel Backpulver	beigeben, kurz zu Teig verarbeiten, mindestens 1 Stunde kalt stellen
Teig	5 mm dick auswellen, ausstechen
Mit Eigelb	bestreichen
Mit geschälten Mandeln	garnieren

Backen: 180°, ca. 10–12 Minuten, 2. Schiene

Dinkelschrot-Plätzchen

125 g Butter	schaumig rühren
200 g Birnendicksaft	
1 Ei	beigeben, mitrühren
1 Kaffeelöffel Vanille	
1 Kaffeelöffel Zimt	
100 g gem. Mandeln	dazugeben, vermischen
200 g Dinkelschrot	beigeben, kurz zu Teig verarbeiten,
200 g Dinkelweißmehl	2 Stunden zugedeckt an der Kälte
1 Kaffeelöffel Backpulver	ruhen lassen
Teig	5 mm dick auswellen, Plätzchen ausstechen
Mit Eigelb	bestreichen

Backen: 180°, ca. 12 Minuten, 2. Schiene

Trümpfli

1-263

50 g Butter	schaumig rühren
1 Ei	
1 Eiweiß	
100 g Vollrohrzucker	
50 g Birnendicksaft	
1 Prise Salz	mitrühren
80 g Sonnenblumenkerne	kleinhacken, etwas rösten, auskühlen lassen, beigeben
1 Zitronenschale	
1 Messerspitze Vanille	beigeben, mischen
200 g Dinkelweißmehl	beigeben, kurz zu Teig verarbeiten,
1/3 Kaffeelöffel Backpulver	3–4 Stunden kaltstellen
Teig	5 mm dünn auswellen, Formen ausstechen
Mit Eigelb	bestreichen
Mit Sonnenblumenkernen	garnieren

Backen: 200°, 10–12 Minuten, Ofenmitte

Rosinenplätzchen

125 g Butter	schaumig rühren
1 Ei **100 g Vollrohrzucker** **1 Prise Salz**	beigeben, mitrühren
1 Zitronenschale **1 Kaffeelöffel Zitronensaft** **1/2 Kaffeelöffel Vanille** **50 g Rosinen** **50 g Sultaninen** **50 g gemahlene Mandeln**	beigeben, gut mischen
250 g Dinkelweißmehl oder Dinkelvollkornmehl **1 Messerspitze Backpulver**	beigeben, kurz zu Teig verarbeiten, 3–4 Stunden kalt stellen
Teig	5 mm dünn auswellen, runde Plätzchen ausstechen
Mit Eigelb	bestreichen oder nach dem Backen glasieren

Backen: 200°, 10–12 Minuten, 2. Schiene

Maroni-Herzen (ca. 50 Stück) 1-298

50 g weiche Butter 1 Prise Salz 30 g Vollrohrzucker 1 Ei 1 Messerspitze Vanille	schaumig rühren
200 g Maronipüree 50 g Mandeln, gerieben 50 g dunkle Schokolade, gerieben	beigeben, gut mischen
50 g Dinkelweißmehl	beigeben und alle Zutaten zu einem zarten Teig verarbeiten. Zugedeckt über Nacht kühl stellen
Teig	auf gut bemehlter Arbeitsfläche 5 mm dick auswellen, ausstechen
Herzchen	auf Backtrennpapier setzen

Backen: 190°, ca. 20 Minuten, 2. Schiene

100 g Schokolade	im Wasserbad flüssig machen
Ausgekühlte Herzchen	zur Hälfte in die Schokoladenglasur eintauchen

Dinkel »Petit Beurre«

125 g Butter	weich rühren
125 g Vollrohrzucker **1 Prise Salz** **1 Ei**	beigeben, schaumig rühren
2 Eßlöffel Sauerrahm **2 gestr. Kaffeelöffel Gewürzmischung**	beigeben, gut vermischen
250 g Dinkelvollkornmehl **1 Messerspitze Backpulver**	beigeben, kurz zu Teig verarbeiten, ca. 2 Stunden kalt stellen
Teig	rechteckig, 5 mm dünn auswellen, in 2 cm breite und 6 cm lange Rechtecke schneiden, mit einer Gabel stechen
Plätzchen	auf Backblech setzen
Mit Eigelb	bestreichen

Backen: 170°, ca. 15 Minuten, 2. Schiene

Tip
Anstelle von 250 g Dinkelvollkornmehl kann man auch wie folgt mischen: 200 g Dinkelweißmehl und 50 g Dinkelschrot oder 125 g Dinkelweißmehl und 125 g Dinkelschrot.

Basler Biberli

200 g Dinkelvollkornmehl	
50 g Dinkelweißmehl	
75 g Mandeln, fein gehackt	
50 g Zitronat und Orangeat, fein gehackt	
1 Teelöffel Zimt	
1 Teelöffel Anis	
1 Messerspitze Nelkenpulver	gut mischen
125 g Honig	erwärmen, bis er flüssig ist
50 g Butter	
1 Ei	zum Honig geben
1/4 Kaffeelöffel Natron	
2 Eßlöffel Milch, lauwarm	mischen, auflösen
Honiggemisch:	
aufgelöster Natron	
2 Eßlöffel Kirsch	zum Mehl geben, einen weichen Teig
3 Eßlöffel Milch	zubereiten
Teig	1 cm dick auf Backtrennpapier ausstreichen

Backen: 170°, 15 Minuten, 2. Schiene

Tip
Biberli noch warm in Rechtecke schneiden und noch leicht warm in Dosen füllen

Gewürzwürfel

1-334

150 g Butter 150 g Vollrohrzucker 50 g Birnendicksaft	auf kleinem Feuer erwärmen, gut ver- rühren, bis alles geschmolzen ist, leicht auskühlen lassen
100 ml Milch 2 Eier 2 Eßlöffel Rum	beigeben
300 g Dinkelvollkornmehl 150 g Dinkelweißmehl 1 Teelöffel Backpulver 1 Eßlöffel Gewürzmischung (Muskat, Zimt, Nelken) 1 Prise Salz 1 Zitronenschale, abgerieben	miteinander mischen und oben beschriebene Flüssigkeit darunter ziehen
200 g Sultaninen 100 g Mandeln, fein gehackt	darunterheben
Teigmasse	auf vorbereites Backblech geben (ca. 38 × 36), glattstreichen
evtl. mit Mandelblättchen	bestreuen

Backen: 180°, ca. 30 Minuten, 2. Schiene

Gebäck	auskühlen lassen, dann in 4 × 4 cm große Würfel schneiden

Tip
- Anstelle von Sultaninen kleingeschnittene Dörraprikosen verwenden
- Nach Belieben 100 g feingehackte Sonnenblumenkerne beigeben

Mandel-Stangen

1-250

100 g Butter	schaumig rühren
1 Ei **1 Eiweiß** **125 g Vollrohrzucker** **1 Prise Salz**	beigeben, tüchtig rühren
100 g Mandeln, gemahlen **100 g Dinkelweißmehl** **100 g Dinkelvollkornmehl**	beigeben, kurz zu Teig verarbeiten, 1/2 Stunde kalt stellen
Teig	rechteckig auf gefettetes Blech streichen, 1 cm dick
Mit Eigelb	bestreichen

Backen: 200°, 12–15 Minuten, Ofenmitte

Gebackene Masse	auf dem Blech in Stangen schneiden, etwas auseinanderschieben, nochmals kurz überbacken

Schokoladestengel

100 g Butter	schaumig rühren
100 g Vollrohrzucker	
1 Messerspitze Vanille	
1 Prise Salz	
1 Ei	
50 g geriebene Schokolade	beigeben, gut mitrühren
250 g Dinkelweißmehl	beigeben, kurz zu Teig verarbeiten,
1/2 Kaffeelöffel Backpulver	zugedeckt 2–3 Stunden kalt stellen
Teig	3 mm dick auswellen, in 5 cm lange und 2 cm breite Stengel schneiden, auf Backtrennpapier setzen
Mit 1/2 geschlagenem Eiweiß	bestreichen
Mit Mandelplättchen	bestreuen

Backen: 180°, ca. 8–10 Minuten, 2. Schiene

Mit Himbeerkonfitüre	je 2 Stengel zusammenkleben
100 g Schokolade	im Wasserbad flüssig machen
Stengelenden	eintauchen

Knusper-Kugeln

1-262

50 g Butter	schaumig rühren
150 g Rohzucker **2 Eier** **1 Prise Salz**	beigeben, gut rühren
50 g gehacktes Orangeat **50 g gehacktes Zitronat** **200 g gehackte, leicht geröstete Sonnenblumenkerne** **1 Eßlöffel Zitronensaft**	beigeben, mischen
200 g Dinkelvollkornmehl **50 g Dinkelweißmehl** **1/2 Kaffeelöffel Backpulver**	beigeben, kurz zu Teig verarbeiten, 3–4 Stunden kaltstellen
Kleine Teigkugeln	formen
Mit Eigelb	bestreichen

Backen: 200°, ca. 12 Minuten, Ofenmitte

Dinkelflockenplätzchen

100 g feine Dinkelflocken 2 Eier 3 Eßlöffel Milch	verrühren und 10 Minuten einweichen
100 g Butter	schaumig rühren
100 g Vollrohrzucker 1 Zitrone, Saft und Schale 1 Prise Salz	beigeben, gut mitrühren
Eingeweichte Dinkelflocken 100 g Dinkelweißmehl 100 g Dinkelvollkornmehl 50 g Mandeln, gemahlen 1 Messerspitze Backpulver	beigeben, kurz zu Teig verarbeiten, 2 Stunden kalt stellen
Kleine Teigkugeln	formen, auf Backtrennpapier setzen, in der Mitte eine kleine Vertiefung machen
Mit Ei	bestreichen
Je 2–3 Mandelstifte	darauf legen

Backen: 180°, ca. 15 Minuten, 2. Schiene

Einsiedlerkugeln

1-275

110 g Butter	schaumig rühren
170 g Vollrohrzucker	
2 Eier	
1 Prise Salz	beigeben, schaumig rühren
1 Kaffeelöffel Zimt	
1/2 Kaffeelöffel Muskat	
1/3 Kaffeelöffel Nelkenpulver	
100 g Mandeln, gehackt	
100 g Sultaninen	
1 Eßlöffel Milch	beigeben, gut mischen
150 g Dinkelweißmehl	beigeben, mischen, kurz zu Teig verarbeiten, zugedeckt 2–3 Stunden kaltstellen
100 g Dinkelvollkornmehl	
1 Kaffeelöffel Backpulver	
Teig	zu nußgroßen Kugeln formen, auf Blech setzen
Mit Eigelb	bestreichen

Backen: 200°, ca. 12 Minuten, Ofenmitte

Tip
- Eventuell vom Teig eine Rolle formen (Durchmesser 3 cm), kühlstellen, in 1/2 cm dicke Scheiben schneiden
- Plätzchen gut verschlossen aufbewahren

Dattelhäufchen

100 g weiche Butter 100 g Birnendicksaft	schaumig rühren
2 Eier 1 Eßlöffel Rum 1 Eßlöffel Gewürzmischung (Zimt, Muskat, Nelken) 100 g Mandeln, gehackt 200 g Datteln, entsteint, klein- geschnitten 100 g Dinkelschrot 100 g Dinkelweißmehl 20 g Dinkelflocken, fein	der Reihe nach beigeben, gut vermischen
Teig	zugedeckt über Nacht kalt stellen
kleine Teighäufchen	abstechen und auf ein mit Backtrennpapier belegtes Blech setzen

Backen: 175°, ca. 15 Minuten, Ofenmitte

Tip
Kleine Teigkugeln abstechen mit Aushöhler

Gefülltes Spritzgebäck

100 g Butter	schaumig rühren
100 g Vollrohrzucker **1 Ei**	beigeben, mitrühren
100 g Dinkelweißmehl **100 g Stärkemehl (Maizena)** **2 Eßlöffel Milch** **30 g Mandeln, gemahlen**	beigeben, kurz zusammenfügen
Teigmasse	in Spritzsack mit gezackter Tülle füllen und 8 cm lange Stengel auf vorbereitetes Backblech spritzen

Backen: 170°, ca. 15 Minuten, 2. Schiene

Gebäck	auf Kuchengitter auskühlen lassen
Mit Quittengelee	die glatte Seite bestreichen und je 2 Stengel zusammensetzen
200 g Schokolade	im Wasserbad schmelzen
Plätzchen	an beiden Enden eintauchen, zum Trocknen auf Pergamentpapier setzen

Florentinerli

2 Eßlöffel Honig 3 Eßlöffel Kaffeerahm	erwärmen und rühren, bis alles gut durchmengt ist
60 g Mandelplättchen 60 g Rosinen 30 g Zitronat 30 g Orangeat	beigeben, bis kurz vors Kochen bringen, abkühlen lassen
100 g Dinkelflocken	unterrühren
Teigmasse	zu runden Plätzchen formen, auf Backtrennpapier setzen

Trocknen: 100°, ca. 1 Stunde, 2. Schiene

100 g Schokolade	flüssig machen
Plätzchenunterseite	eintauchen, auf Pergamentpapier absetzen

Ofenküchlein (ca. 25 Stück)

150 ml Milch	
150 ml Wasser	
50 g Butter	
1 Prise Salz	
1/2 Zitronenschale	
2 Eßlöffel Vollrohrzucker	in eine Pfanne geben, aufkochen
150 g Dinkelweißmehl	im Sturz beigeben, kräftig rühren, bis sich der Teigkloß vom Pfannenboden löst, etwas auskühlen lassen
3 Eier	nach und nach unter den Teig rühren
Den glattgerührten Teig	in Spritzsack füllen, Tülle 1 cm Durchmesser, auf Blechreinpapier spritzen

Backen: 200°, ca. 20 Minuten, 2. Schiene
Ofen nie öffnen! Küchlein im ausgeschalteten Ofen ca. 10 Minuten trocknen lassen

Füllung: Schlagrahm mit Vanille, dicke Schokoladencreme, oder Früchte mit Schlagrahm

Vanillebretzeln (ca. 60 Stück)

125 g Butter	schaumig rühren
125 g Vollrohrzucker	
3 Eier	
1 Kaffeelöffel Vanille	
1 Prise Salz	
1/2 abgeriebene Zitronenschale	
1/2 Kaffeelöffel Muskatpulvermischung	beigeben, gut mischen
250 g Dinkelweißmehl	dazusieben, zu einem dickflüssigen Teig verarbeiten, 2 Stunden zugedeckt kaltstellen
Mit einem Löffel Teig	auf die Ornamente geben und backen

Mandelbretzeln

100 g Butter	schaumig rühren
100 g Vollrohrzucker 1 Messerspitze Vanille 1 Prise Salz 2 Eier	beigeben, mischen
50 g Mandeln, gerieben 200 g Dinkelweißmehl	beigeben und alle Zutaten zu einem Teig zusammenfügen
Teig	mit einem Löffel abstechen, auf die Ornamente geben, backen

Käsebretzeln (40–50 Stück)

30 g Butter	schaumig rühren
70 ml Wasser 70 g geriebener Appenzeller- oder Greyerzerkäse 1/2 Kaffeelöffel Salz 200 g Dinkelweißmehl	zu Teig verarbeiten, 2 Stunden ruhen lassen
Kleine Teigkugeln	auf die Ornamente geben, backen
Mit Mutterkümmelpulver	bestreuen

Mohnbretzeln

120 g Butter	schaumig rühren
3/4 Kaffeelöffel Salz **100 ml Wasser**	auflösen, beigeben
1 Kaffeelöffel Mohnsamen **200 g Dinkelweißmehl**	beigeben, zu Teig verarbeiten, ruhen lassen
kleine Teigkugeln	auf die Ornamente geben, backen

Dinkelkaffee mit ganzen Körnern

1-303

1. Tag	
2 Eßlöffel Dinkelkaffeekörner	5 Minuten kochen lassen und abgießen, die Körner aufheben
1/2 Liter Wasser	
2. Tag	
Körner vom 1. Tag	
2 Eßlöffel frische Körner	3 Minuten kochen lassen und abgießen, die Körner wieder aufheben
1/2 Liter Wasser	
3. Tag	
gebrauchte Körner	
2 Eßlöffel frische Körner	3 Minuten kochen lassen und abgießen, die Körner aufheben
1/2 Liter Wasser	

Am 4., 5. und 6. Tag die gleichen Schritte wiederholen; es erfolgt keine Gewöhnung

Dinkelkaffee mit gemahlenen Körnern

1-416

1 Liter Wasser	sieden
6 Eßlöffel grobgemahlenen Dinkelkaffee	beigeben, 3 Minuten köcheln lassen, dann ca. 2 Minuten ziehen lassen
Kaffee	durch feines Sieb abseien

Persönliche Notizen
(Korrekturen, Ideen, Vorschläge)

Persönliche Notizen
(Korrekturen, Ideen, Vorschläge)

Persönliche Notizen
(Korrekturen, Ideen, Vorschläge)

Lagerung von Getreide

Unkrautsamen im Getreide
Im biologischen Landbau ist die chemische Unkrautbekämpfung verboten. Obschon wir heute über leistungsfähige mechanische Geräte verfügen, sind biologische Getreidefelder nicht »chemisch rein«. Weil viele Unkräuter etwa zur gleichen Zeit reifen wie das Getreide, ist der Besatz an Unkrautsamen in der Regel etwas höher. Auch mit guten Reinigungsmaschinen lassen sich manchmal nicht alle Fremdsamen entfernen, es sei denn, es werde ein unverhältnismäßig großer Anteil Getreide damit ausgesiebt.

Wenn das Getreide vermahlen wird, können die Unkrautsamen bedenkenlos mitvermahlen werden. Für Getreidegerichte aus ganzen Körnern empfiehlt es sich, Fremdsamen auszusortieren. Sie stören vor allem, weil sie beim Kochen länger hart bleiben als Getreide.

Ungeziefer im Getreide
Für Produkte aus biologischem Landbau sind keine chemischen Lagerschutzmittel zugelassen. Entsprechend ist das Risiko eines Schädlingsbefalls etwas höher als beim konventionellen Getreide (was nicht heißen soll, daß dort alles behandelt wird). Wir sind jedoch der Meinung, dieses Risiko sei das kleinere Übel als die prophylaktische Behandlung ganzer Getreidesilos.

Die besten Vorsorgemaßnahmen gegen Schädlinge sind
- *tiefe Lagertemperaturen*, unter 15°C entwickeln sich kaum Schädlinge
- *Sauberkeit*, alle alten Reste regelmäßig entfernen, Ritzen und Ecken mit dem Staubsauger reinigen
- *Kontrolle*, Schädlinge befallen nicht nur Getreide, deshalb alle Vorräte von Zeit zu Zeit überprüfen
- *Bewegung*, vor allem im Sommer kann es nützlich sein, das Getreide von Zeit zu Zeit (z. B. alle 6 Wochen) umzuschütten, am besten im Freien bei starkem Wind
- *Atmung*, keine luftdichten Gefäße verwenden.

Befallene Partien sind sofort vom übrigen Vorrat zu trennen. Bei schwachem Befall genügt es meistens, das Getreide abzusieben. Bei starkem Befall gibt's Hühnerfutter.

Gute Lagerräume
Aus obigen Ausführungen lassen sich die Anforderungen an die Lagerräume ableiten: trocken, kühl und sauber. In Frage kommen:
- *Keller*, wenn zu trocken für Gemüse, ist dies oft der günstigste Ort im Haus. Kein Naturboden! Säcke auf Holzunterlage stellen.
- *Estrich*, gut, ausgenommen in den Sommermonaten, wenn er sich direkt unter den Ziegeln befindet.

- *Gedeckte Lauben, Balkone auf der Schattenseite,* Vorsicht bei Gewitterregen und Nebel im Herbst.
- *Ferner,* unbeheizte oder wenig beheizte Räume wie Garage, Korridor, Schlafzimmer.

In Räumen, wo die Außenluft Zutritt hat, kann das Getreide in Regen- und Nebelwetterperioden Feuchtigkeit aufnehmen. Das Vermahlen kann dann Schwierigkeiten bereiten. In solchen Fällen ist es vorteilhaft, die Körner in einem Leinensack einige Tage auf einen Heizkörper zu legen.

Wer war Hildegard von Bingen

Hildegard von Bingen hat im 12. Jahrhundert im deutschen Rheinland gelebt. Sie wurde 1098 geboren und ist am 17. September 1179 gestorben. Es war eine unerfreuliche Zeit: in Europa stritten Kaiser und Papst um die weltliche Vorherrschaft, viele Bischöfe und Äbte sorgten sich mehr um Macht und Geld als um das seelische Heil ihrer Untertanen. Es war die Zeit der Kreuzzüge und der blutigen Verfolgung von Irrlehren.

Zeit ihres Lebens war Hildegard oft so schwer krank, daß sie an das Bett gebunden war. Und trotzdem hat sie unvorstellbar viel geleistet. Mit etwa 17 Jahren wurde sie Nonne im Benediktinerinnenkloster auf dem Disibodenberg, mit 38 Jahren Äbtissin des Klosters. Sie hat zwei neue Klöster (Rupertsberg und Eibingen) errichtet und geleitet. Noch im hohen Alter hat sie vier mühsame Reisen unternommen und dabei in Klöstern und in der Öffentlichkeit gepredigt, gewarnt und zur Umkehr aufgerufen. Das war für jene Zeit etwas ganz Außergewöhnliches.

Hildegard von Bingen hatte Zeit ihres Lebens die Gabe der Vision. Sie schreibt selber darüber: »Bei meiner ersten Gestaltung, als Gott mich im Schoß meiner Mutter durch den Hauch des Lebens erweckte, prägte er dieses Schauen meiner Seele ein.« Sie sah bis zu ihrem Lebensende viele Dinge nicht mit den äußeren Augen und hörte sie nicht mit den äußeren Ohren. »Ich sehe sie vielmehr einzig in meiner Seele, mit offenen leiblichen Augen, so daß ich niemals die Bewußtlosigkeit einer Ekstase erleide, sondern wachend schaue ich dies, bei Tag und bei Nacht.«

Hildegard hat ihre Visionen ab ihrem 42. Lebensjahr vor allem in drei großen Werken in lateinischer Sprache niedergeschrieben, in SCIVIAS (Wisse die Wege), im Liber Vitae Meritorum (dem Buch der Lebensverdienste) und im Liber Divinorum Operum (Welt und Mensch). Daneben hat sie die Visionen in vielen Briefen festgehalten, in einem Singspiel und in Liedern, in kleineren Werken und vor allem in einem medizinischen Werk.

Dieses medizinische Werk ist im Original nicht bekannt, überliefert sind aber zwei Teile durch Handschriften aus dem 13. und 15. Jahrhundert. Der eine Teil ist heute bekannt unter dem Titel Causae et Curae (Ursachen und Behandlung der Krankheiten), der andere als Physica (Heilmittel der Natur). In dieser Physica sind die Heilkräfte von rund 500 Pflanzen und Bäumen, Tieren, Vögeln, Fischen und Edelsteinen beschrieben. Eines der Kapitel befaßt sich mit dem Dinkel, der das Thema dieses Kochbuches ist. Daneben enthalten aber sowohl Physica als auch Causae et Curae noch zahlreiche weitere Empfehlungen für die richtige Ernährung.

Die Vorstellung, Hildegard von Bingen habe visionär (also von Gott) konkrete Empfehlungen für Ernährung und leibliche Gesundheit erhalten, mag heute für viele befremdend erscheinen. Dahinter steckt die irrige Auffassung, Gott sei etwas so Gewaltiges und so weit Entferntes, daß er sich sicher nicht um menschliche Kleinigkeiten kümmert. Wer jedoch die Evangelien unvoreingenommen liest, stellt bald fest: Jesus Christus, Gottes Sohn, hat in seinem irdischen Leben zwar vor allem das ewige Heil, die Erlösung gepredigt, und mit seinem Kreuzestod die Erlösung gebracht. Er hat aber auch in ungezählten Fällen körperlich Kranke geheilt und Dämonen ausgetrieben, und er hat diese Gabe den Aposteln und deren Nachfolgern weitergegeben.

Ewiges Heil (Erlösung) und irdisches Heil (Gesundheit) hängen eng zusammen. Alle Werke Hildegards befassen sich mit der Heilsgeschichte, dem ewigen und dem irdischen Heil. Eines ihrer visionären Lieder gilt »Maria, mater sanctae medicinae«. Das könnte man übersetzen mit: »Maria, Mutter der heiligen Heilkunst.« Es heißt aber richtig: »Maria, Mutter der Eucharistie.« Durch das ganze Werk zieht sich der eine und entscheidende Gedanke:

»*Gottes Barmherzigkeit kennt keine Grenzen und kein Ende, es sei denn der Mensch selbst verschließt sich gegen Gott*« *(SCIVIAS).*

Gerade die heutige Theologie kann bei Hildegard viel lernen. Das setzt aber voraus, daß man sie nicht dazu mißbraucht, ihr eigene, unausgegorene Gedanken unterzuschieben.

Hildegard von Bingen ist nie offiziell heilig gesprochen worden. Trotzdem gilt sie mit Recht als Heilige. Sie hat gerade unserer Zeit viel zu sagen, am Ende der sogenannten Neuzeit und am Vorabend einer neuen friedlichen und wieder Gott zugewandten Zeit.

Bezugsquellen

Die in diesem Rezeptbuch angegebenen Produkte sowie weitere Hildegard-Mittel und Hildegard-Literatur sind erhältlich bei:

Schweiz:

Hildegard-Vertriebs AG, Aeschenvorstadt 24, CH-4010 Basel, Tel. 061/272 24 79.

J. Schwarz-Studer, CH-3930 Visp, Tel. 028/46 23 26.

Deutschland

Jura Naturheilmittel, Nestgasse 2, D-7750 Konstanz, Tel. 07531/3 14 87.

Zähringer-Apotheke, Zähringerplatz 17, D-7750 Konstanz, Tel. 07531/6 23 17.

Max-Emanuel-Apotheke, Belgradstr. 21, D-8000 München 40, Tel. 089/30 87 89 5.

Holstein's Backhaus, August-Borsig-Str. 3, D-7750 Konstanz, Tel. 07531/6 53 81.

Egon Binz, Stadtmühle, D-7716 Geisingen, Tel. 07704/2 47.

Paul Gleiser Bronnmühle, D-7407 Rottenburg am N., Tel. 07472/37 17.

Österreich

Helmut Posch, Am Weinberg 23, A-4880 St. Georgen, Tel. 07667/3 61.

Literaturverzeichnis

Basler Hildegard Gesellschaft (Hrsg.), Hl. Hildegard, Heilkraft der Natur »Physica«, Pattloch Verlag, 1991

Breindl, Ellen, Gesund und schmackhaft kochen mit der Hl. Hildegard von Bingen, Pattloch Verlag, 1990

Breindl, Ellen, Das große Gesundheitsbuch der Hl. Hildegard von Bingen, Pattloch Verlag, 1989

Hertzka, G./Strehlow, W., Küchengeheimnisse der Hildegard-Medizin, Verlag Hermann Bauer, 1984

Pawlik, Manfred (Hrsg.), Hl. Hildegard, Heilwissen, Pattloch Verlag, 1989

Schiller, Reinhard, Hildegard-Medizin Praxis, Pattloch Verlag, 1990

Schiller, Reinhard, Hildegard Pflanzenapotheke, Pattloch Verlag, 1991

Storch, Walburga OSB (Hrsg.), Hl. Hildegard, Scivias, Pattloch Verlag, 1990

Strehlow, W., Die Ernährungslehre der Hildegard von Bingen, Verlag Hermann Bauer, 1990